谷川俊太郎
Tanikawa Shuntarō
＋和合亮一
Wagō Ryōichi

にほんごの話

青土社

にほんごの話　もくじ

1 にほんごの教科書　9

ii　中原中也の詩　95

子どもの詩、大人の詩　117

1

にほんごの教科書

和合　一九九七年に谷川さんは斎藤次郎さんと佐藤学さんと共に『こんな教科書あり？』（岩波書店）という本を出されていらっしゃいます。そこではかなり根本的に教科書の問題が洗い出されています。では、それから約一〇年経って、果たしてそこで挙げられていた問題が解決したのかどうか、あらためて国語教科書を読み直しながら、谷川さんにうかがってみたいんです。

まず、谷川さんがお作りになった教科書として、安野光雅さんや大岡信さん、松居直さんと一緒に編集委員を務めた『にほんご』（福音館書店、一九七九年）がありますが、これはどんなきっかけがあったんですか？

谷川　『にほんご』を考え始めたのは、まだうちの子どもたちも小さかったころで、彼らが使っていた教科書を見て、「こんな教科書使ってるんだ、どうにかしなきゃ」という気持ちがありました。それで雑誌連載から始めて何年もかけて作ったのが『にほんご』なんです。それから二七年経って、結論から言うと教科書は全然変わっていなかった。

最も象徴的なのは、そのとき「こくご」ではなく「にほんご」にしたというのが最大のポイントだったわけだけれども、いまだに「こくご」でやっている。外国の人たちも学校に参加するようになっているし、世界的にも民族やネーションということが相対的なものになってきているのにもかかわらず。フィリピンや中国の子どもが教科書を受け取って「こくご」と言われたときに、どういう気持ちになるだろうかと思いますよね。

そのあとで九七年に『こんな教科書あり?』を出したんだけれども、その前に九三年に岩波書店が『授業』というシリーズを出しているんです。これは授業の実地検証みたいなコンセプトで、九〇年頃から、日本語や社会や数学や体育といったあらゆる教科の授業をビデオに撮って、それをみんなで検証しながら批評するという野心的な企画でした。みんな熱心に参加して、現場の教師から河合隼雄さんのような心理学者から僕のような詩人まで、いろんな立場の人間が関わって非常に面白かった。でも、まったく売れませんでしたね。

そういった経過を経て、『詩ってなんだろう』(筑摩書房)を二〇〇一年に書いたんですけど、それはいろんなかたちで教科書に関わってきて、詩を書く人間として、教科書的なものにもっと責任を果たさなければいけないんじゃないかとずっと思っていたのを、不完全でもいいからとにかく形にしておきたいという動機によるものでした。というのも、日本の国語教科書には、日本の詩歌の歴史を子どもたちに教えるためのコンセプトや方法論がなさすぎるんですね。

それから、最初にこれだけは言っておきたいんだけれども、教科書問題というのはつまり国家の問題なんですよ。教科書をよいテキストブックにするにはどうすればいいか、という問題ではない。国がどこまで言語教育に強制力を持つかということが最大の問題だと思うんだけど、それについてみんなどう思っているのかということが僕の一番の疑問です。そこを論じないで、いくらテキストとしての教科書を論じても意味はないと思います。

和合　私は高校教師として現場で授業もやっているので、岩波の『授業』の話を聞いて驚いたんですが、それはまさに教育学部などで行われている授業研究ですね。そのとき谷川さんが教育の現場で起きていることでもっとも問題だと思ったことは何でしたか？

谷川　特に何かが起きているとは思わなかったけれども、子どもたちが教室内で使う言葉が、友達同士や家庭内で使う言葉とぜんぜん違うということは感じますよね。黒板を背にして話すときには、いわゆる普通の話し言葉が使えないということがはっきりある。その理由を河合隼雄さんに訊くと、それは日本文化のものすごい深いところに関係しているから簡単に言えない、と言うんですね（笑）。河合さんですら言えないんだから、我々もそれについては何も言えないんですけど、日本語がタテマエとホンネですごく分裂しているというのはありますよね。それが明治以降なのかもっと前からそうなのかはよくわかりませんけど。

それから、どの授業でもやっぱり教科書を権威として扱っていましたね。教科書から離れられないし、先生が教科書は絶対正しいと思っている。教科書を批判的に読むという態度がまったく見られなかった。それも問題だと思いました。教科書には、どう見てもこの物語のここはおかしいぞ、というようなものも入っているんですけど、そこについての批判的な読みは一切なかった。

和合 教科書を批判的に読む習慣がないという風潮はたしかにあります……。ただ、身も蓋もない話になりますが、教科書についてきちんと検討しようという時間も場所もないという現実はありますね。

教科書なしはえらべない?

谷川 いまは高校ではどういう風に教科書を採択しているんですか?

和合 うちの学校では、各学年の国語の先生が、おびただしい数の見本を見ながら選んでいます。

谷川 その見本は各教科書会社の人が持ってくるんですよね。だいたい何社くらい来ます?

和合 大手の五、六社はなんだかんだと常時行ったり来たりしています。でも、どの教科書も安定教材と言いますか、定番の無難な詩を載せているのがほとんどですね。私はやっぱり教科書をもらうと、最初に詩のコーナーを見るんですけど、その顔ぶれは本当に変わっていません。萩原朔太郎、中原中也、谷川俊太郎……（笑）。現場の先生もけっして満足はしていないはずなのに、何も変わらないのは不思議だなあと思いますね。

谷川　僕が小学校の教科書を読んで、一番感じたのもそれですね。各社本当にそっくりなんだ。結局、それは国家がある力を加えて統制しているってことですよね。教科書は使わないというオプションはないんですか？

和合　いまの現状においてはないですね。でも、私は去年「国語表現」という授業を希望してやらせてもらったんです。「国語表現」というのは、新課程になって出てきた授業です。それにも教科書はあるにはあるんですけど、実は現場の実態にそぐわず使えないものが多く、またこの新教科自体が受験に直接に関係ないということもあって、あまり使わずにディベートとか演劇、詩や小説の創作、面接試験の練習などを意欲的にやってみました。楽しかったです。

谷川　それは自然な流れだと思うけど（笑）、僕が聞いた範囲でも教科書を使わない先生はけっこういるんです。それで試験の点が著しく悪くなったりすると問題だけど、別にそんなこともないわけですよね。

和合　いちおう「国語表現」の試験はやったんですけど、それも私が課題を与えて審査員となり、感じたままに点数をつけるというものでした（笑）。良い点数をみんなにつけました。

だって一人一人、取り組みが素晴らしい。とにかく新鮮で、楽しかった。私としては、一年間おおいにストレス解消の場になって良かったです(笑)。

谷川 そういう先生がもっと多くなるといいんですけどね。基本的に僕は教科書はなくなっていくのが望ましいと思っています。現場の先生が自分たちの裁量でテキストを選んでいけばいいと思うんですけど、当分それは実現しそうにないですよね。

教科書を書いているのは誰か?

和合 とりあえず、まだ教科書を使っていかなければならないという現実を前提にお訊きしますけれども、谷川さんは、小学校の教科書を読まれて端的に何が必要だと思いましたか?

谷川 著者ですね。日本の教科書は著者がいない、すごくおかしな本なんだよね。僕はたまたま新聞で見て、フィンランドの小学四年生の国語教科書(『フィンランド国語教科書 小学四年生』経済界、二〇〇五年)というのを知ったんだけど、これがとても面白かった。ちゃんと著者がいて、メルヴィ・バレ、マルック・トッリネン、リトバ・コスキパーという三人の共著です。本があれば著者がいるのは常識だと思うんだけど、逆に言うと、日本人は教科書を本だと思っていないんだね。巻末に編集委員の名前がずらずらと並んでいるけど、こんなにたくさんの人たちで一冊の本が書けるわけがない(笑)。教科書の基本的なコンセプトを誰が考えて、どう書いたかがわからないのがすごく不気味なんですよ。

和合 不気味というのは非常に印象的な言葉ですけれども、『こんな教科書あり？』の中で、谷川さんが出だしから「ぼくの第一印象をいちばん端的にいうと、国語、社会科を問わずですが、こういう教科書は本じゃないという気がしたんです」と言っている。それはいまだにまったく変わってないということですね。

谷川 そうです。

和合 あえてそこをもう少し詳しく訊きたいんですけど、教科書に著者が必要だという一番の理由はなんでしょうか？

谷川 誰がそこに書かれた言葉について責任を持つのかはっきり示すということです。著者がいないということは、その言葉について誰も責任をとらないということですよ。日本語の文章で、そういう文章は多いですけどね。それは一人称を確定しなくていいとか、日本語という言語の構造とも関わっているんでしょうけど。

教科書の言葉でも、「let us ＝〜しましょう」というのがやたらと多いんだけど、誰が「〜しましょう」と言っているのかわからない。強いて言えば、文部科学省になるのかな？（笑）

和合 東京書籍の『新しい国語　1年下』を、うちの子どもは使っていたんですが、これに宮中雲子さんの「くもはがようし」という詩が載っていて、ちょっと疑問に思いました。光村図書の『こくご一』の最初に載っている「はる」という詩にしてもそうなんですけど、なぜこれが？　というのと、こういう詩をなぜ一番最初に載せるのかが不思議なんですね。

谷川　そういうのは、詩に見えるけど、詩じゃないんだよ（笑）。

和合　新しい教科書を配ると、まず名前を書かせて、一ページ目をめくってくださいと言いますので、この詩から読むということになると思うんですが、子どもたちが、これを詩だと思うのはいいんだろうかと。たとえばうちの子どもは、齋藤孝さんの編集した『ちびまる子ちゃんの音読暗唱教室』（集英社、二〇〇三年）を良く暗唱しているんですけど、そっちのほうが面白いと言うわけです。平家物語の一節とか、難しい文章ばかりが紹介されています。子どもが文学作品を読む力はけっして過小評価できなくて、うちの子どもは文学作品で一番覚えているのは、アルチュール・ランボーの詩だと言うんです。

谷川　それはいくつくらいで読んだの？

和合　小学校一年生くらいですね。

谷川　親が読ませたわけ？

和合　いえ、『ちびまる子ちゃんの音読暗唱教室』に載っているんです（笑）。それで、地元では天才少年と呼ばれているんですが（笑）。まあ、紹介されているものの中でも一番短いから楽というのもあるんですが、こっちのほうがかっこいいって言いますね。

谷川　そういう話を教科書の編集委員はもっと聞いてほしいよね。

わらべうた・悪口・活き活きとした日本語

谷川　具体的な話をしていくと、さっきの「はる」の中川李枝子さんはいっぱいいい話を書いているいい作家ですけど、これは教科書に合わせて書き下ろされた詩でしょうね。教科書がこういう導入になっているのは、僕が思うところではわらべうたの残りかすなんですね。小さい子どもはずっと、親やお兄さんやお姉さんから口伝えでわらべうたを教わって遊んできたわけだけど、その残りかすが教科書に残っている。でも、わらべうたはもう古いから新しく春の詩を書いていただきましょう、ということだと思います。であるならば、わらべうたそのものを入れればいいじゃない、と僕は思うんですけどね。全体的に国語教科書が古典を軽視しているのが、すでに導入部から現れていますよね。

和合　私も今回一年生から六年生までの教科書を通読して、どうしてこんなに古典が無視されているんだろうと思いました。いま高校で教えていて感じる歴然とした事実として、中学でいかに古典を教えていないかということがあります。漢文はほとんどやらなくなっています。まずもって、教える時間がないのだと思いますが……。現場の先生はみんな時間とにらめっこしてがんばっていますが、それでもないんですね。

谷川　いまや旧かなすら教えないからね。自分の言葉の歴史も知らなくて、きちんとした日本語を読んだり書いたりできるわけはないんだけど。そういう流れというのは何なんでしょうね。

和合　すごくベタな話をしてしまいますと、完全週休二日制になってから、単純に時間がなくなったということは現場的には大きいですね。

『にほんご』の話に少しだけ戻りたいんですが、この本を使って、あるワークショップでいろんな子どもたちとやりとりをしてきたんですが、その中で人気があるのはやっぱり悪口の書いてあるところなんです。子どもはここを読むと、一番喜びますね。

谷川　僕が朗読をしても、悪口の詩を読むと一番ウケる（笑）。

和合　でも、教科書にはそういうユーモアというか際限のない過剰さを感じさせる言葉は確かにありませんね。

谷川　教科書は基本的に言語を人間関係の中にあるものだと捉えていませんよね。知識として捉えているだけで。それから、教科書に載っている日本語は規範的なものでなければいけないという考え方がありますよね。規範的な日本語ばかりで教科書ができているから、実際に子どもたちが現場で使っている日本語のリアリティから離れてしまう。子どもは小学一年生になるまでに、相当な言語体験をしているし、それなりに言語能力を獲得しているわけです。教科書はそれを無視してゼロから教えようという態度がいまだに見える。その出発点がおかしいと思いますね。子どもなりに無意識に持っている言語観を、教科書は整理して正していくのが本当だろうと『にほんご』のときに僕らは思ったんですね。教科書でも話し言葉を少しは取り上げるようになっているんだけれども、日本語の特徴として、どうしても言葉は書き言葉であるという意識が強い。漢字が表意文字だからだけど、ヨーロッパでは表音文字でまずアルファベットがあるわけでしょ。だから、あっちはまず音声言語が基本となって、そのあとで書く言語が来る。言葉を読むことよりも、まずひらがなや漢字の書き順を云々するのは、日本語の特徴のために出てきている気がすごくします。読み書き算盤が戦前から重視されてきて、話す・聞くことが軽視されてきた。それは日本語の特徴だからいいんだけれども、教科書を作る側はそういう事情を自覚して作ってほしいと思いますよね。わらべうたにしても、書き文字ではなくて口承で伝わってきたものだから、音声言語なんです。それを冒頭に持ってくるのは、やっぱりできないんだろうなと。ましてや規範的な言葉でもないしね。でも、教科書にある言葉は、子どもの現実に即した活き活きとした日本語であるべきだと僕は思っています。

それから、齋藤孝さんもどこかで言っていたと思うけど、国語の教科書がなんでこんなに薄いの？　というのはありますね。単純に教科書に魅力がない理由として、収録作品が少ないというのは絶対にある。子どもがこれをもらったら、二、三時間で全部読んじゃいますよ。そんなに退屈な教科書ってないんじゃない？　と思いますけどね。だから、どんな作品を選ぶかということよりも、もっと豊かな作品をいっぱい載せるべきだと思うし、さっき言ったフィンランドの教科書なんて、教科書自体がひとつのお話になっている。つまり、小学校四年生のある学校の教室の話になっていて、その中でいろいろなことが教えられるようになっている。内容も、ちゃんとパソコンや携帯電話を扱っているんですよね。日本の教科書には、ぜんぜん携帯電話やゲームが出てこない。いまの子どもが生活の中で使っていたり関心を持っていたりすることがまったく出ていないのも不自然というほかないですよ。

和合　子どもたちは現実の生活の中から、物の見方や考え方をそれなりに得ているはずなのに、そういうものを教科書にはふさわしくないと排除していると……。

谷川　そうなると、じゃあ教科書をこういう形に決定しているのはどこかという話になりますよね。編集委員は僕は基本的に無力だと思っています。もちろん、作品を選んだりはしているでしょうけど、教科書全体のコンセプトに関しては、すでに枠が決められていて、彼らにそれを変えようという気はないし、そういう権限も与えられていない。仮に変えたとしても、単に採択されなくなるだけでしょう。教科書産業というのは、すごく大きなマーケットになっていますからね。教科書が採択される際の道筋と、そこに文部官僚ＯＢがどう絡んでいるかを見ていくと、教科書が良い方向に変わらない仕組みが見えてくる気がしますね。そこをどうこうするのは、我々個人の物書きには不可能ですよ。だから、簡単に言うと、僕はもう教科書について発言するのは飽き飽きという感じ。だって、何も変わらないんだから。

和合　変化を期待できる糸口すらなかったですか？

谷川　ないない（笑）。だって、要は国自体が変わらないんだからさ。

和合　実際、教科書には、それをどう使うかという指導書が付いてきて、教科書自体の何倍もの厚さになるんですけど、指導書がどれだけ詳しいかということがセールスポイントの一つになるんですね。

谷川　うちにも僕の詩が載っているというだけで、指導書が送られてきますけど、CD三枚組とセットになってたりしますからね。声に出すことまでガイドラインが存在してしまっている。でも、それは売れるからそうしているんですよね。その背景には、教師が忙しすぎて自分たちで工夫する余裕がないということがあるんでしょうね。

表層言語と深層言語

和合　時間ということで言うと、いま「ゆとり」が教育のキーワードとなっています。最近はまた方針が転換されようとしていて、それについては現場の先生の間でもどうすればいいのか解決の糸口が見つからないという感じなんですけど。ともかく「ゆとり」ということが八九年頃から言われ出してきて、一〇年後の九九年に、いまの週休二日制の体制が整って本格的に「ゆとり教育」が始まったということなんですが、その「ゆとり教育」の「ゆとり」ということに関して、どのようにお考えになっているかうかがいたいのですが。

谷川　ぜんぜん何も考えてません。関心もないし。

和合　そうですか（笑）。なぜそれを訊きたかったかと言いますと、いま「ゆとり」ということが、それで何を必要としているのかわからないくらいさまざまな形で言われていて、そのうちのひとつとして詩を教えるということについて論議が交わされるときがあるんです。実際、そういうところで話が出てきてしまうくらい詩を教えられていない印象がありまして、どうしてこうなっちゃったんだろうと思うんです。

谷川　別に無理をして教える必要はないんじゃないの（笑）。詩を教えないというのは、すごくゆとりがある気がしますけど。

和合　なるほど（笑）。

谷川　ただ声に出して読んで、これ面白いね、とか言っていればいいのに、教えて点をつけるのは残酷だと思います。

和合　それはたしかにそうですね。問題を作って、答えを導き出すという作業は詩を読むことと関係があるんだろうかという疑問は常にあります。たとえば、それこそ谷川さんの詩は、たびたび試験問題化されていると思うんですが、そのように詩をテストのような形で問うことについてはどのようにお考えですか？

谷川　僕はいまの教科書のことをぼろくそに言っていますけど、自分の詩が教科書に載ることには「イエス」と言っているんです。教科書に載ることで知名度があがって、詩集が売れるから。ただ、同時に教科書に載っている人ということで、権威化されちゃうんですよね。

それが僕はいやなんです。たとえば、どこかに行ったときに、「あっ、教科書に載っている谷川俊太郎だ」と言われる。教科書に載っているというだけで、人を判断するというのは、すごく失礼なことですよね。教科書に載るというのは、そういうプラスマイナスの両面がありますね。

自分の詩を使ったテストは、僕もときどきやってみたりするんですけど、ほとんど零点ですよ（笑）。面白いのは、それは日本がおかしいという話だと思ってたんだけど、イギリスの詩人と話したときに、彼も自分の詩が入試問題に使われて、やってみたら、百点満点で三〇点だったと言っていた（笑）。だから、どこでも同じなんだね。

要するに、詩の言語というのは意識から出てきてないんですよ。散文やこういう会話、あるいは政治や法律や経済の言語というのは、みんな表層言語と言われるものですよね。意味がきちんととれて筋道が立っている。それに対して、詩の言語は深層言語としか言えないようなもので、言語にならないような意識下の中から、これから意味になるのかなあというものが自然に生まれてきて詩をなすわけだから、もともと表層言語に翻訳することは不可能なんですよ。だけど、深層言語を深層言語のまま受け取るということが教科書ではできない。

和合　深層言語とはなにかを教えることもやっぱりできないんですか？

谷川　そもそもそういう言語の分け方をしていないしね。たとえば、散文的なものと詩的なものを比較して、この二つは同じ日本語だけれども、どう違うんだろうという教え方をしていない。大体、五・七・五あるいは五・七・五・七・七という定型のことも教えないですよね。ただ短歌・俳句が並んでいるだけで。だから、先生は大変ですよ。自分で勉強して教えなければいけないんだから。でも、詩や短歌・俳句というものが日本人の感受性を作っているのは事実だから、なんらかの形で子どもたちに教える必要はあると思いますけどね。

和合　その際のキーワードはやはり「音にする」ということでしょうか？

谷川　やっぱり暗唱がいいでしょうね。齋藤孝さんも主張していることだけど、詩歌というのは、まず暗唱で意味はその次ですよね。言語の音的な側面を身につけるためには、調べとかリズムがすごく大事だから、意味がわからなくても身体に入れてしまったほうがいい。昔の子どもは四書五経の素読をさせられたわけだけど、目はしの利く子が先生に意味を訊いて、そうしたら、子どものくせに意味を訊くとは何事か、と殴られた（笑）。それはけっこう正論のような気がするんだけど、いまの民主主義教育はみんな意味から入っているから、そんなことをしたらクビになっちゃう。

和合　「わかる」ということを教育の現場で前提にしなければいけないのがネックになるわけですね。

谷川　齋藤孝さんは「国語は体育だ」と言ってましたけど、いまの国語教育の現場には、言葉が身体に関わるものだという視点がまったくないですね。

和合　それで言うと、もっともダイレクトに言葉と身体の関係を扱う演劇の教育もほとんどされませんよね。私は高校時代から演劇を始めたんですけど、教科書のどこにも演劇って出てこないんです。それも演劇教育自体が難しいという理由なんでしょうか？

谷川　みんな日本語の知識を教えようとしているんですよね。演劇というのも、言語を通しての人間関係ですよね。言語は知識ではなくて人間関係だという視点がないから、演劇も必然的に抜けてしまう。さっき言ったように、悪口を書いた詩を排除しているのも、人間関係的なものを一切排除しているからだよね。大体、この挿絵に描かれた子どもがみんなにこにこしていて、いい子ばっかりでさ、こんなたくさんいい子がいるかよって感じじゃない？（笑）どうして、タテマエばかりで作るのか本当に不思議。言語って人間の最低の現実まで一番表してしまうものでしょ。それがこんな綺麗事ですむはずがないんですよ。

詩を教えるということ

和合　谷川さんのお話をうかがっていると、やはり原体験として漢詩をずいぶん読まれたというのがある気がするんですが。

谷川　ずいぶんなんて読んでませんよ。単に、普通に教科書に載ってましたからね。それと天孫（テンソン）というあだ名のひねくれたキュウリみたいな先生が、独特の調子で漢文を読むのが耳について離れないという経験があるだけです（笑）。あと、戦時中だから、「弁声粛々〜」なんて詩吟みたいなものが聞こえてきたりもしてたし、それで漢文脈の持つ言葉の力を信頼しているところはあるかもしれない。そういうものはなくさないほうがいい、というか漢字を日常的に使っている以上、漢文脈はけっして無視できないと思います。

和合　漢文とか無意識のうちに身体に入るような言葉へのアプローチが本当に薄いですよね。そのせいかわかりませんが、文学作品にしても、梶井基次郎の『檸檬』や安部公房の『棒』のような、ちょっと不条理っぽいものを、私がこれは面白いだろうと教えても、反応が薄いんです。で、何なの？　みたいな感じになる。一見、無意味に思える言葉を全員で共有するという意欲がそもそも乏しいんですね。しかし、すべての言葉が意味に還元されるような体験ばかりをしていると、古典の言葉の本当の意味での不明さみたいなものを一生感じることなく終わってしまうのではないかと思います。深層言語の世界を教育の場に持ってくることは難しいと思うんですけど、その中から物の見方や考え方を学んでいく姿勢が必要なんじゃないかと。

いま国語の時間は、さまざまな形に分かれていまして、それをひとつにまとめていくことは難しいんですけど、さっき谷川さんに、もう教科書はなくしてしまってもいいんじゃないかと言われて、蒙を啓かれたところがありました。しかし、やはり教科書はなくせない、ということであるのならば、現場の先生はどのように授業に臨むべきだと思われますか？

谷川　検定された教科書を使わざるを得ない状況ということならば、やっぱり自分がそういう教科書に対してどのくらい批判力を持っているかということと、そこで自分はこういう教え方をしたいというアイディアをどれだけ持てるかということじゃないでしょうか。評価が大事というならば、点を取らなきゃいけないものだけは教科書でとにかく教えて、そうじゃないところは自分のオリジナリティを極力活かして教えてほしいと思いますね。でも、それもかなり理想論に過ぎないよね。僕はいまの教師の能力も信用してないから（笑）。みんなこういう国語教育で育ってきているから、若い教師なんてダメだと思います。

和合　すみません……（笑）。

谷川　え、まだ若いつもり？（笑）別に難しいことじゃなくて、単に和合さんみたいに、自分で詩も書いて、言葉に関心を持っている教師がもっといてくれればいいと思います。

和合　谷川さんが『朝日新聞』のオーサー・ビジットという企画で、詩の出張授業をされているのをよく拝見しますが、詩を実際に教える立場になってみて、どんなことを感じましたか？

谷川　教えるといっても、たった一時間だから、何にもできませんよ。完全にお客さん扱い。ちょっと詩を作ってみたり遊んだりして、息抜きさせようという感じです。それでも、そういう異分子が学校に入ることは悪いことじゃないと思うからやっているんだけど。

和合　詩を書くことを教えるということについてはどうですか？

谷川　なにか方法論があればいいと思いますけどね。僕が詩を書かせるときは、大体アクロスティックから入っていきますね。それから俳句の嘱目の真似をして、身の回りの物から、なにか短い詩を作ろうよというのをやっています。

和合 谷川さんはいまの子どもたちをどのようにお考えですか？

谷川 ひとえに担任次第ですね。担任がダメだと子どもたちも消極的になるしダメになっちゃうケースが多い気がする。担任が詩が好きだったり、子どもと活き活きした関係を作っていると、僕が行ってもすごく反応がいい。それで、大体、一人は目立ちたがりの子がいるんです。そういう子が一人二人いると、見た目は活き活きして見えるんだけど他の子は意外とそうでもないとか、そういう具体的な問題もいっぱいありますね。いなかったらいなかったで、全体的に沈滞しているとかね。なかなか一概には言いにくい。

和合 そういう生徒によって活気が出る場合もありますしね。

谷川 逆にはしゃぎすぎちゃって、収拾がつかなくなることもある。

和合 私も二月に、詩を書くことを小学生たちに四日にわたって教えるということをやったんですけど、その中で一人、五分くらい経つとすぐ「つまんない！」という子がいたんです。でも、非常に熱心に毎回やって来るんですね。そしてすぐ「わかんない！わかんない！」と言う。だけど、最終日にやる朗読会のときには、その子が一番拍手をもらっていました。その子が読んだ詩のタイトルが『つまんない』というオチなんですけど（笑）。

谷川 それはできすぎだよ（笑）。

和合　そういう子がいることで、集団が成り立っている部分があると思いましたね。

谷川　僕はちょうどその反対のケースを体験しました。横浜のある学校に行ったら、欠席の子がいて、そこでは生徒に前もって詩を書いてもらって、それを見ながら僕が感想を言ったりすることになっていたのね。そうしたら、欠席の子の詩がすごくよかったんです。それで「自宅にいるんですか?」と訊いたら、保健室にいると言うので、会いに行ったんです。まあ、精神的にちょっと鬱っぽい子なんだけど、際だっていい詩を書いていた。やっぱりいろんな現実があると思って面白かった。

和合　年齢に関係なく天才的な詩を書く子どもっていますよね。

谷川　それはいますね。

和合　そういう子がいると、どうやったら詩人になれるかということを訥々と説明している自分がいたりするんです（笑）。具体的に、高校を卒業したら『ユリイカ』や『現代詩手帖』やコンクールに応募して……とか（笑）。

谷川　とんでもない教師だなあ（笑）。その子の未来をめちゃくちゃにする行為だよ。詩人になる以前に、どうやったら食えるかを教えたほうがいいって（笑）。ちゃんと定職を得た上で、詩を書くように言うべきですよ。

ことばについて考えるための本

和合 また現場の一教師としてうかがいたいことがあるのですが、現場では必ず「学力」ということが最終的に問題になってくるんですね。谷川さんが考える「学力」の定義は何だと思いますか？

谷川 そんなの僕にわかるわけないじゃない！（笑）先生でも文部科学大臣でもない、ただの詩人なんだからさ。逆に和合さんの考える「学力」の定義を教えてよ。

和合 む、難しいですね（笑）。たとえば、谷川さんは絵本を多く書かれていますけど、絵本というのは言葉の教科書として一番子どもたちに届きやすいものだと思うんです。

谷川 そういう側面はまあ避けられませんね。

和合 絵本を作る際に、一番心がけていることはなんですか？

谷川 子どもが楽しんでくれることですね。まあ、そんなの当たり前だろうから（笑）、もう少し言うと、僕はやはり詩を書く人間で、物語を書く人間ではないということに、あるときから気がついたんです。物語的発想が非常に苦手なんですね。普通、絵本って「物語絵本」から入るんです、子どもにしても書き手にしても。僕はそこから入れなくて、あまりいい言葉じゃないけど、「認識絵本」というところから入っていった。まだこなれない言葉なんだけど、簡単に言うと、物語絵本は文学が基本にあるのに対して、認識絵本は学問の分野——

心理学とか文化人類学とか論理学とかいろいろありますよね——を子どもに部分的にでも、あるいはその本質をわかりやすく伝えるものだと僕は考えています。僕が一番最初に考えて作った絵本は『こっぷ』（福音館書店、一九八二年）なんだけど、それは写真とテキストによって、コップという日常使っている何でもないものを、液体を保持する道具であるとか、落っことしたら割れるとか、犯人が持ったら指紋が付くとか、水を入れて並べたら楽器になるというように、いろんな側面から見ていくというものでした。その後で、批判もあったけれどもわりと評判になったのは、『わたし』（福音館書店、一九九二年）という絵本で、それはひとりの女の子が主人公なんだけど、その周囲の人間から見て女の子＝わたしがどう見えるかということを描いた絵本ですね。お父さんから見れば娘、叔母さんから見れば姪、先生から見れば生徒……という風に、一個の自分が他人との関係でどう変化するかということを子どもにわかりやすく書いたんです。そういうのは、僕としてはただ楽しんでやっているだけなんだけれども、結果として教育効果を持ってしまうというのはありますね。そういう意味では、小さな子どもたちに早いうちから、我々が生きている現実のいろんな側面を、わかりやすい形で伝えたいというのはありました。

和合　その認識絵本という考え方は、そういうつもりはないんだとおっしゃると思いますが、まさしく教育ということですよね。

谷川　僕が一番やりたくてできなかった認識絵本は、経済学の絵本ですね。レモネードの作り方みたいなのが、アメリカだとあって、そういうシンプルな形で経済の基本を示す絵本を作りたかったんだけれども、なかなか難しくてできなかったですね。

和合　絵本を書くとき、子どもにこういう風に受け取ってほしいということはありますか？

谷川　それはぜんぜんない。子どもたちはそれぞれに受け止め方は違うだろうから。

それに関連して言えば、教科書をずっと読んできて不思議に思ったのは、例文なんかが出てくるときに科学関連の文章が意外と多い。『こくご一』でも、鳥のクチバシの形について書かれた文章が唐突に出てきたりして、国語の教科書がなんでクチバシの形について教えなきゃいけないのか、と思いました。いまの世界の風潮として、科学的なものにやっぱり関心を集めたいのかな、という気がしましたね。日本語の教科書なんだから、あくまでも言語というものへの興味を中心にやってほしいですよね。手前味噌だけど、「わたし」というものが他人からどう見えるかということのほうが、より言語の本質に近いと思うんだけど。

「国語」ではなく「日本語」に

和合　たしか河合隼雄さんが谷川さんとの対談で、子どもっぽいのはダメだけど、子ども性は必要だとおっしゃっていました。childish と childness の違いということですね。childish なのは大人になればやめてもらいたいけれども、childness はきちんと持っていたほうが、発想のありかとして感性がいつまでも持続し続けるので大事にしたほうがいいというようなことをお話しになっていたわけですが、そのような childness を育てるような教科書はありえるでしょうか？　というのも、具体的には『にほんご』がまさにそういうものではないかと思うからなんですが。

谷川　まったく逆で、『にほんご』は僕は精一杯大人になって書いたものなんです（笑）。むしろ、自分の childness を限りなく抑圧して書いた。詩を書くときには、僕は childness を開放して書くことが多いんです、特に子どもが読者の場合には。散文を書くときには、絶対にそれは抑えますね。というのは、散文はやっぱり表層言語だからです。逆に深層言語には childness がどうしてもあるわけです。それを出したほうが面白い詩になることがままあるんだけど、散文でそれを出してしまうと、単に人に伝わらなくなるんです。

和合　『にほんご』の編集にしても、子ども性というよりは大人性の部分でやったと。

谷川　編集は完全に文部省ならびに日本の教育界に対する大人としての挑戦ということでやってましたよ。だって、子どもは『にほんご』と光村の教科書の区別なんてつきませんしね。だから、大人がちゃんと教えてあげなければいけないだろうと。

和合　『にほんご』を出されて、手応えはありましたか？

谷川　現場の先生で副読本的に使ってくださる人や外国人に日本語を教えるときに使ってくださる人がけっこういて、批評や感想ももらったし、いまでも一応重版しているみたいだし、見えないところでは反響はあったと言えると思うけど、教科書を出版する制度に対しては何の力もなかったと思う。まあ、現場で教えている人や子どもたちの間で読まれているのであれば、いいと思いますけどね。

ともかく文科省がかたくなに「日本語」と言わずに「国語」としているのは不思議だよね。もうそういう時代じゃないと思うんだけど、それは教科書業界のおそるべき保守性ですよね。編纂委員にしても、やたらと名誉教授とかが多いじゃない？　もっと金原ひとみとかぴちぴちの作家を入れればいいと思うんだけど（笑）。教科書事大主義がずっと続いているんですよ。教科書なんてその辺の雑誌と同じだという気持ちで作ってくれないと面白くないんだけど。結局、活かすのは先生の能力なんだから。

和合　まず「国語」というのを「日本語」という概念に正しく立ち返るところから始めて、古典から金原ひとみまでを貫く時空軸を持たなければならないと。

谷川　これだけ英語英語と言っているんだから、もう日本語も相対的に捉えないといけない時代でしょ。パーリ語とかヒンドゥー語とかタガログ語とかと同じ言語の一つとして捉えて、じゃあ日本語ってどんな言語なの？　というのが正しい教育だと思うけどね。日本語が特別で「国語」なんて言っている状況は差別の源ですよ。アイヌ語や琉球語は何なんだということもあるしね。その保守性には、業界の利益優先的な体質が根深く絡んでいると思う。「日本語にする」と言い出すと、靖国みたいに政治問題になって、「国語を守れ」とか言い出す政治家が必ず出てきますよ（笑）。一方で、『日本語』の教科書はどこも採択しないから教科書会社がやりたがらないということになりますね。だから、誰も言い出しっぺにならない。

和合　教科書の中の言葉に人間関係という視点が欠けているというお話がありましたけど、今日うかがった谷川さんの教科書に対するお考えと詩に対するお考えは、非常に通底するものがあると感じました。声は一対一で伝達するものという谷川さんのエッセイがありますが、やはり人間関係というものを丁寧に教えることのできる教育の現場が必要だと思います。一対一を基本としていないような語りは罪だと書かれていて、そこにはテレビやラジオの影響があるということと、もうひとつ印象的な言葉として、そういう語りが身体抜きのバーチャルなものになっているというのがありました。私も教育の現場にいて、どうしてもそういうところをなおざりにしがちになってしまうんですが、本当の意味での言葉は身体抜きにはありえないということをもう一度考えるべきだ、教科書を作っていく上で、身体知の言葉を日本語と結びつけて作っていかなければと感じました。

谷川　まとめ方がまさに高校教師（笑）。こんなに親しい仲なのに、そんな言葉でしかまとめられないというのが、まさに身体抜きのバーチャルな語りなんですよ。本当に制度って怖ろしいよねえ（笑）。

和合　この生真面目さは、谷川さんへの誠意です！（笑）

にほんごの音

意味以前のことば

和合　谷川俊太郎さんのオノマトペの仕事としては、たとえば四〇代以降の、『ことばあそびうた』（福音館書店、一九七三年）の詩集が思い浮かびます。この詩集以降の仕事については、語り尽くせない要素がたくさんあると思いますが、その中での谷川さんにとっての、オノマトペ、あるいは言葉の持つ音の響きについて、お聞かせいただけますか。

谷川　幼児が発する言語以前的な音というのがありますよね。たとえば「アーアー」とか「マーマ」とか。われわれが日常的に使っている「言語」の最初は声なんですよね。声というか鳴き声と言えばいいのか、要するに、体と完全にくっついている音から、言語は始まっていると思う。まだ完全に解明されてはいませんが、人類の言語獲得の流れというのは、動物の鳴き声とか、叫び声みたいなものがまずあって、それがだんだん分節化してきて、やがて意味を持つようになった、と僕はイメージします。オノマトペとは、つまり一番原始的なものであって、言語が、脳の問題になってしまう前の言語だから、直接に人の体の部分に訴えるものがあるのかな。だから詩の場合でも、効果的に使えるんだと思ってるんです。

ただ、そういうふうな言語の原初の状態に近いものであるから、普通に大人が使えば、これは幼児退行的なものになるんですよね。「散文・小説ではオノマトペ的な言語を多用するのは幼稚な文体だ」という考え方は昔の物書きのあいだでは常識だったんじゃないかな。僕も、きちんと整った散文を書く人は、そんなオノマトペに頼らず書いている気がするし、ましてや学術論文みたいな、論理的な散文の場合には、オノマトペは使えないんじゃないかと思うんですけどね。

そういう意味では、オノマトペというのは通常の言語からはやや逸脱したような、異端な言語なんでしょうね。だから散文の場合には、マイナスになってしまうし、詩や漫画の場合には、逆にそれが有効に使える。基本的にはそういったものなのではないでしょうか。

僕はオノマトペを使う場合には、それを一つの技術として使っているという意識が強いです。つまり「こういうふうに使えば、詩のレトリックとして効果があるだろう」と頭で考えている。子供みたいに自分の身体で世界の手触りを探るための言葉として出てくるのではないですね。たとえば『みみをすます』（福音館書店、一九八二年）という詩集のなかで、人々の足音を全部オノマトペでやっているところがあるのですが、これも履いている履物などを区別するために擬音語を意識して使っている。

日本語の場合、擬音語は豊富で、履いている靴や下駄の違いとか、それぞれの足音を擬音語で区別できて便利ですよね。ところがこれを英訳するときに問題になったんです。英語ではそういうオノマトペが少ないので、それぞれの音を文字で表現できない。ある翻訳者は日本語の音をそのままローマ字表記で使ってましたね。

それに日本語のオノマトペは新しく作れてしまうんですよね。そういうところは日本語の面白いところだと思います。唱歌の「春の小川」に「春の小川はさらさらながる」という表現がありますが、小川の流れる音を子供が「さらさら」じゃないオノマトペで表現したら、当時の文部省か何かが「春の小川はさらさら流れると決まっているんだから」、と言ったというのを新聞で読んだことを思い出しました。もちろん「さらさら流れる」という、一つの定型は覚える必要があるんだけれども、耳によって千差万別の音に聞こえてもいいんだというのが日本のオノマトペだと僕は思うんだけど。たとえば、授業で詩を教えるときに、雨の音を自分の耳で聞いて、それを文字に起こしてごらんというふうに先生が指導すると、子供によってじつに様々な音になるんだそうです。雨がいろいろな音で降ってくることがわかるんです。それだけで相当詩的な世界になりますよね。そういう日本語の自由さというのは、詩を書くときに有利だなって思います。

和合　日本語におけるオノマトペとは、新しく作り直すことができる言語の自由性の象徴ということですか。

谷川　意味のある言語に関しては、自分勝手にいくら工夫して造語しても他の人に通じないわけです。でもオノマトペは音真似言葉だから、その音を自分はこういう風に聞いたんだということで成立してしまう。ですから、オノマトペは意味を伴っていないことが最大の強みなんでしょうね。

近代詩とオノマトペ

和合　近代詩人はオノマトペを多用しているという印象があります。

谷川　そうですね。萩原朔太郎にしても、結構使っていますよね。

和合　私が、自分で詩を書く上で影響を受けた近代の詩人たちを挙げてみると、萩原朔太郎、草野心平、中原中也、宮沢賢治……と、みんなオノマトペの使い方が特徴的です。特に草野心平さんの詩には蛙の鳴き声が多く登場しますが、その声をフランス語のように書き写したりしている面白い詩があります。あれ大好きなんです。

谷川　日本語訳つけたりしているもんね。

和合　こうして考えてみると、日本で口語自由詩が発生してから、オノマトペはそれと一緒に歩んできたようなところがあるのかなと感じます。

先ほど、「オノマトペは意味を伴わない」とおっしゃいましたが、その「無意味」というのはオノマトペのみならず、日本語の詩の可能性にとっても非常に重大なものと感じます。

谷川　そうですね。実際には、人間が言語を発明する以前には世界はまったくの無意味だったわけだよね。言語が発生したからこそ、世界を意味付けることができたわけ。いまわれわれは、あらゆる事柄に意味がなければいけないと思っているけど、実際の世界のあり方としてはノンセンスであることのほうが基本的なあり方だと思うんです。

かつて鶴見俊輔さんがおっしゃった有名な「ノンセンスというのは存在の手触りを教える」という言葉が僕には衝撃的だったんだけど、オノマトペというのは分節化された意味を持っていないから、まさに意味付けられる以前の存在の手触りに触れることができるものなんですね。意味はないんだけれども、なんかそこに存在しているものの手触りを、ネトネトとかペトペトとか、ハラハラとか、擬声語や擬態語が表現できるわけです。存在の意味よりも先に、手触り――存在そのものを感じさせてくれるのがオノマトペなんです。

だけど、それだけでは文章は成立しない。意味のある単語としては成り立たないわけだから、それを多用しても意味がない。それでも使うのは、たぶん詩人たちには言葉が発生する以前の存在のリアリティに迫りたいという欲求がどこかにあるからだと思うんです。

中也とか朔太郎とかは、意味を持った普通の言葉で語るのがどこかでもどかしくて、まだ存在に触れていないという感じがして、オノマトペ以前のリアリティを求めたという気がします。中也が「ゆあーん　ゆよーん　ゆやゆよん」とサーカスのブランコをオノマトペで表現するとき、意味的な言語では掴みきれないサーカスのブランコの現実感が伝わる。もちろん現代詩人の中にもそういう欲求はあるんだろうけど、意味のほうに偏った現代詩人はオノマトペはあまり多用しないですね。

意味以前みたいなものに憧れている詩人たち、たとえば草野心平さんは、意味ありげな言葉で詩を書いていくことにもどかしさや阿呆らしさを感じて、蛙にいっちゃったという感じが僕にはしている。そして最後に行き着いたのが、「・」だけの「冬眠」(笑)。

和合　なるほど。あれは海外でも評判がいいそうですね。

谷川　言語を超えているわけですよね。もしかするとオノマトペにも、そのままローマ字表記で海外に出すと向こうの人にもピンとくるような日本語の音もあるかもしれません。

和合　草野心平さんも朔太郎もそうですが、音に対しての向き合い方にその人の詩作態度が現われるような気がします。たとえば中原中也の「ゆあーん　ゆよーん　ゆやゆよん」も、何回か繰り返して読むとこれが実際に聞こえている音なのか聞こえていない音なのか、区別がつかなくなる。境目にあるんですね。これは、オノマトペというものがそのまま詩人の感性の回路の一つを決定的に表わしている気がします。

谷川　うーん、「決定的」なのかどうかはわからないけど、それぞれに表現の仕方は違いますね。いくら「音真似言葉」といっても、たんに現実の音を言語の音で真似しているだけではない何かが入ってきてしまうんでしょうね、内面から出てくる何かが。それでそれぞれにユニークなオノマトペになるんでしょう。心平さんの蛙は現実に近いかたちで鳴き声を真似しているわけだけれども、中也とか朔太郎の場合にはそれプラス、自分の様々な経験がそこに入ってきていて、単純に音を真似しただけではない感じがします。

和合　そうした、音を真似るだけでは済まされないというところに、存在の手触りや言葉が発生する以前の何かを求める詩人の姿があるんでしょうか。

谷川　たぶんそういうものがあるんだろうと思います。

和合　一方、近代詩から戦後の詩に移って、たとえば荒地派の詩人たちはオノマトペをあまり使わないような気がします。これはどうしてだとお考えですか?

谷川　現代詩の「身体」離れ「声」離れと関係があるのではないでしょうか。詩は本来、声だったわけです。日本の伝統的な韻文詩、たとえば俳句や短歌の七・五調も、要するに言葉をまず音声として捉えている。近代詩はそれを一旦否定するところから出発していますよね。荒地派も、そうした韻文性は人間を酔わすからダメなんだと言う。もっと人間を覚醒させる批評性を持たせたいというところから、オノマトペみたいな音的な要素はなるべく無視したいというのがあったんじゃないかな。

和合　「考える詩」ということですね。

谷川　そうです。つまり「意味」というもので詩を作っていく。それはそれで素晴らしい詩が生まれるわけですけれども、一方では詩の持っている音的なもの、そして、その音的なものが持っている人間の身体との関わりというものを、荒地派の人たちは無視して、もっぱら知性の働きとして詩を捉えていたところがあると思うんです。それは必要なことではあったけど、結果として読者は離れましたよね。日本人は、七・五調というメロディが体に入っちゃっているから、どうしても詩に韻文性を求めてしまうんです。それが荒地にはなかったから、読者にとっては難しいものになってしまった。

中原中也はその逆で、七・五調的な体に即した言葉を使う人なんですよね。そこが中也の人気の一つの原因だと思います。実はけっこう微妙な、デリケートな心を扱っているんだけれど、底のほうに七・五に近い韻律があるもんだからわりと入りやすい。

谷川俊太郎のオノマトペ

和合　谷川さんの仕事を論ずるときに、多くの論者が注目するのが『ことばあそびうた』から始まる一連の試みですが、発端はどのようなものだったのでしょう。

谷川　現代詩が軽視してきた日本語の音の多様さ、豊かさ、それから現代詩が意図的に台無しにしてきた韻文性を、七・五調ではないかたちで回復できないか、ということですね。七・五調だと、どうしてもアナクロニズム（時代錯誤）になってしまいますから。まあ、こういう風にちゃんと言葉にできたのはずっと後になってからなんですが、そういうことを本能的に考えはじめていたんだと思います。

だけど、やってみるとテーマには本当に限りがあって、大人向けの詩では無理で、結果的に子供が喜ぶような一種わらべ歌的なものしか書けなかったということはあります。現代詩が持っているような意味の深みには、ことば遊びでは至れないし、もちろんオノマトペだけでも至れない。

極端に、オノマトペだけで作った詩のひとつに「たいこ」（『いちねんせい』小学館）というのがあります。それは本当に太鼓の音だけ、「どんどこどん」とやっているわけ。子供相手に舞台なんかで声に出して読むと、子供はすごく乗ってきてくれて、そこに束の間の共同体ができる。現代詩が失った、共同体を生み出す原動力の一端が「たいこ」には確かにあるんです。だけど、あの手法で現代詩を作るのは到底無理なんですね。ただ音があるだけの作品になる。ある意味では現代詩に対する批評にはなっているけれども、その手法でずっと詩を書くわけにはいかない。

和合　オノマトペの定義というのは非常に曖昧で、しばしば悩んでしまいます。

谷川　僕は『にほんご』という教科書的な本を大岡信さんたちと作ったときに、オノマトペという外来語がピンと来なくて、「おとまねことば・ありさまことば」という新造語（笑）を使ったんです。基本的にオノマトペというのは音真似であり、有様を表わす言葉であると。

和合　今回の特集のために、いろいろと文献を漁っていたら、木原孝一さんの『現代詩入門』（飯塚書店）というのを見つけまして、そのなかに「オノマトペは素直に言うと「擬音」である。しかし、その意味よりも音のほうに重点を置いて、ある状態を連想せしめるときに用いられる言葉ではないか」と書いてありました。谷川さんの『ことばあそびうた』以降のお仕事も、この「状態を連想せしめるときに用いられる」という、音のほうに重点を置かれたお仕事だと、広い意味でそう捉えられるのかなと思ったのですが。

谷川　うーん、すべてをそうは捉えてほしくない。オノマトペは、あくまで詩の技法の一部であって、全体ではないわけですから。オノマトペをどこまで重視するかは詩人によって様々だと思うんだけれど、僕自身はさっき言ったように、それは存在の言語以前のリアリティに迫る一つの方法だと考えているから、結構重要だとは思っているんです。だから時々、詩の中でポコッと使っているんじゃないかな。ただ、オノマトペには幼児退行的な面があるので、僕の作品でオノマトペを多用しているのはむしろ絵本の世界ですね。クレヨンハウスから「赤ちゃんから絵本」というシリーズが出ているんですけど、そこで、本当にノンセンスな、オノマトペだけの絵本を作っています。これは音真似というより、言うなれば「創作音ことば」を使っている。まったく意味を持たない言葉でテキストを書いているんです。絵本の世界では、絵があるからわりと自由にオノマトペだけで作れちゃう。それで結構みんな喜んでくれるけど、詩だとそこまではいけないですね。

和合 谷川さんとオノマトペということですぐに思い浮かぶのは、「二十億光年の孤独」の「ネリリ　キルル　ハララ」というところですね。あの言葉については、いろいろな場面で「これはなんだろう」って話題に出ますが、それをご本人から教えていただきたくて……。

谷川 あれをオノマトペと言っていいのかどうかは、ちょっと疑問ですけどね。オノマトペというのは擬声語・擬音語で、既にある音を言葉にしたしたものですから。「ネリリ」「キルル」「ハララ」というのは、確かに「眠り起きそして働き」というのを受けてはいますが、日本語の「眠り起きそして働き」をオノマトペ的に表現しているわけではなくて、「火星語」を表わしているつもりなんですね、自分としては。当時は火星人がもしかしたらいるかもしれないと思われていた時代ですから、もし火星人がいたら——もちろん冗談なんですけど——「眠り起きそして働き」を「ネリリ　キルル　ハララ」みたいに発音するのかなというジョークですよ（笑）。

オノマトペを使った僕の詩で一番人気があるのは、「おならうた」です。「いもくってぶ」ってやつ（笑）。あれも、オノマトペだけだと成り立たないから、「いもくって」とか意味のある言葉が入ってきていて、それでオノマトペが効果的になっている。心平さんみたいに、カエル語だけで書いて口語訳をつけるというのも効果的で面白いんだけれども、やっぱりオノマトペだけでは詩は書けない。

ことばと音

和合　谷川さんは朗読活動もなさっていますが、実際に声に出すこととオノマトペを探ることと、谷川さんの中で繋がりはあるのでしょうか。

谷川　僕は朗読というかたちで人に伝えるときにでも、まずは文字で書きますから——パソコンで書いているあいだに、実際に声には出さなくても頭の中で音にしていて、意味の連関と同時に、音の連関のようなものを考えて推敲することはあります。ここは一音多いからやめようとか、瞬間的に計算しながら書いている気はします。そして、これは声に出しても聴衆に伝わる作だと思ったら、声に出して読む、朗読するということですね。でも声に出すことを第一義的に考えて書くことはあまりないです。

和合　私も詩の朗読をしておりまして、今年で二〇年目に入ったのですが、朗読をすることと書くこととが自分の中でイコールと考えているところがあるんです。それで、谷川さんも朗読イコール詩なんじゃないのかと勝手に感じていたのですが……。

谷川　全然、そうじゃないですね。僕は基本的に文字で考えています。ただ、ひらがな表記だけで書いている詩は、比較的朗読しても人に伝わるから、多少はそういう意識はあります。

『みみをすます』という詩集については、途中から、これは声に出して読んだほうが人にはっきり伝わりそうだと、そう意識して書きました。

基本的には、自分の詩が声に出して読まれるものだとは全然思っていない。活字で黙読というのがまずあって、そのなかで耳に届けられるんだったら声に出して読もうというところですね。

和合　かつてある歌人が私にこんなふうにおっしゃいました。「白い紙の前で短歌を書こうとすると、音楽が立ち上がってくる」。その音を聞いて短歌を詠むのだと言うんです。この歌人の場合は音が先なんですね。谷川さんの場合は、先に見えてくるのは文字なんでしょうか、それとも音なのでしょうか？

谷川　文字ではないですね。声になった言語という感じでしょうか。口に出さなくても、頭の中に声が出てくる、ということはあります。その場合、声がある程度リズムやメロディを持っているということも時々ありますね。言葉は出てこないんだけれども、なんか共振みたいなものが心と体の中にあって、それが強くなるにしたがって言葉が出てくるという場合もあります。でもそれはしょっちゅうではないですね。

音とかイメージとか意味とか、たぶん全部が一緒くたに出てくる。そしてそれが言語になった瞬間に、客観的に認識できるわけです。それまではコントロールの効かない、一種のインスピレーションだから、それがまず意味であるのか、音であるのか、イメージであるのかということは、よくわからないですね。そんなもやもやが意味を持ち、言葉となっていき、そのなかで詩が書かれていくという感じでしょうか。

和合 谷川さんの作品は、朗読だけではなくて合唱曲になることもありますが、詩と音楽の関係についてはどうお考えですか。

谷川 言葉と音の関係を考えるときによく思い浮かべるのは、バッハのカンタータなんです。本当に言葉は単純で、たとえば「我は神を愛す」というのをめんめん繰り返すだけ。ですから詩として読むと、何だこれって感じだけど、音楽がつくとものすごく深いものになる。感動しちゃうんです。詩と音楽との関係はそういうものだと思う。だから詩がどんなにくだらなくても、音楽がよければすごくヒットしちゃったりするわけ。いまのポップスの世界を見ればわかる。たとえばビートルズは、日本人のほとんどが英語の歌詞がわからなくても曲で感動しているわけじゃないですか。詩はまったく音楽に敵わないんですよ。いまの音楽ファンの規模と、詩の愛好家の規模を比べてみたら一目瞭然です。

眼と耳

谷川 言語は、生まれたときに既に持っていたものじゃなくて、成長する過程で他人から教わったものですよね。ですから言語そのものの中に、自分ではない他者が初めから含まれているのだと僕は考えているんです。だから詩を発表するときにでも「自分の言葉」というのはあり得なくて、他者と共有している言葉を自分が書き付けていくということだと思っています。当然、自分の気持ちとか考えとかだけじゃなくて、大昔からの他人の感じ方、考え方が、言葉が親から子へと伝えられる過程で言語というかたちで入ってくる。

ですから、全部自分のものだと思わずに、他者のものであると認識したい気持ちがあります。そこで、読者なり聴衆なりと、自分の書いたものが共有できるはずだと、そういう信じ方をしているんです。そういう「自分の言葉の中に入っている他者の言葉」を感じ取るには、エゴがうるさいとあまりできません。音楽を聴くときも、静かなところで聴きたいわけでしょ。それと同じように、自分の魂というものがある程度静かになっていないと、他者の言葉は聞き取れないと思う。

和合　意識下に降りていくことが大事だということですよね。あるいは、言葉の意味に囚われることなく、言葉が生まれる以前、言語に意味が付加される以前のところにまで、自分が降りていけるかということ。それについて象徴的だなと思うのが「みみをすます」という言葉なんです。耳を澄ますというのは、聴覚、聞く力ですよね。

谷川　そうですね。耳を「澄ます」というのは、濁っている水が澄むというのと同じ語源なんですよね。耳を澄ますという言葉を英語にできなくて困ったことがありました。やはり濁ったものじゃなくて、「無」というとオーバーだけれども、「空」（くう）みたいなところで聞けば、エゴに邪魔されずにいろいろな音が聞けるということです。仏教的な考え方かもしれないけれど、日本人だからそういうものは自然にどっかにあるだろうと思うんだけどね。

和合 それが眼とか、鼻とか、そういうものの場合はなんと呼ぶのか。

谷川 眼というのは、完全に知的な器官ですね。眼の網膜はそれほど肉体的なものと直接的に関係していないと思うんです。ところが音というのは鼓膜を通して、直接的に関係している。そして体自体が音に共振しているという感じがします。聴覚は非常に触覚的だと思うんですね。そこのところが、視覚や嗅覚なんかとは違うところ。ですから、ぼくは音楽がすごく好きなんです。

和合 「音楽に嫉妬する」とおっしゃっていましたよね。

谷川 そうですね。音楽を聴いて感じる感動というのは、たとえば眼で活字で追って、何となくその意味を頭の中に入れるというのとはまったく違う回路で入ってくるんです。音楽って、まさに言語以前の意味のない世界じゃないですか。意味がないのになんでそんなに感動できるのかと考えてみると、意味以前の存在のリアルといったものに、音楽は触れるからだと思うんだよね。そういう意味で、詩と音楽の源は同じなんだけども、詩はどうしても言語の意味に邪魔されちゃってね、音楽には敵わないと思うことがある。

和合 詩は間接的ということでしょうか。音楽の直接的な関わり方に対して?

谷川 そうですね……。どうしても、意味の壁みたいなものに妨げられる。それはしょうがないんですけど。

和合　オノマトペに話を戻すと、やはり文字というものの中ではオノマトペは最も音に近い文字と考えていいんでしょうか。

谷川　そう思います。子供がオノマトペを多用するのは、小さい子供にとって言葉も音楽も、多分区別がないからです。大きくなるにつれて、どうしてもそれを区別するようになってい く。

和合　自分の声だけではなくて、他者の声みたいなもので詩を書くというお話をうかがっていたんですが。このこととオノマトペと回路が通じてゆくようなものはお感じなんでしょうか。例えば中原中也が「ゆあーん　ゆよーん　ゆやゆよん」とブランコが揺れている様子を書いたときに自分の不安定さを言い表す言葉の装置になっているような。

谷川　詩のなかにはあまりないんじゃないかな。僕はオノマトペを、自分の身体性や意識下のものというような意味不可能なものの表現としては使っていない。わりと僕は左脳が強いほうだから、オノマトペも左脳でコントロールして使っていると思います。女性の詩人なんかは、意識下の混沌がそのまま言葉になって出てくるということがあると思う。伊藤比呂美さんなんかもそういうのを持っています。でも僕はああいう言葉の出方はほとんどない。無意味なものを書いているようでも、完全に左脳でコントロールしているし、ノンセンスな音だけの絵本でも、音的に何度も推敲している。湧き出てきちゃって防ぎようがない、というような言葉の出方はないですね。その意味では、オノマトペも他の普通の言葉と同じですよ。

粒子、波動、そして自然へ

和合　音楽ではモーツァルトがお好きということですが、その一方で、「自然の音は、もちろん僕が大好きな音楽とは比べることはできないけれども、もしかしたら自然のほうが大事かもしれないと思うくらい好きです」というようなことをおっしゃっていますね。ここで、「自然の音のほうが大事」とおっしゃる意味をお聞きしたいのですが。

谷川　大雑把な言い方をすると、人口のものよりは自然のもののほうが好きだし切実なんですね。自分の周囲の友達を見ていると、詩的なものの源を言語に感じている人が多い。例えば、若い頃にすごくいい詩を読んで感動して、自分も書き始めたとか。

僕はそうじゃないんです。自分の家の隣のニセアカシアの木に朝日が当たっているのを見たときに、日常的な喜怒哀楽とは違った感動を憶えたというのが詩の源の一つで、もう一つが音楽だと思うんです。言葉ではなく、自然の美しさや音楽に初めて感動したときが、自分の詩作の源であった。それが、自分にとっては大事なんじゃないかと、最近になってからですけど、ちょっと意識するようになってきました。

和合　どちらも言葉が存在しない世界ですね。

谷川　そうなんです。詩というのは、言葉の向こう側にあるものを示そうとするというのがある。言葉が到達できないものを、言葉でどうにかして示そうというのが詩の持っているベクトルですよね。

和合　一方で、「世間知ラズ」という詩は谷川さんの六〇代の代表的な作品の一つだと思うのですが、このなかで「詩は滑稽だ」と書かれています。これはまた違う詩の捉え方をされているんでしょうか？

谷川　全部重層的に重なり合っている気がします。「詩は滑稽だ」というのは、意識はしなくても若い頃から感じていたように思います。それが初めて言葉になったのが「世間知ラズ」であって、詩というものの素晴らしさと滑稽さとは、平行して、矛盾しながらずっと来ているんじゃないかなあ。

和合　「世間知ラズ」で「詩は滑稽だ」と書かれたのは、谷川さんが世間の側にいながらの詩についての自己言及ですよね。一方では、音楽を例に出してお話されたような、言語が存在しないような自然界の手触りをずっと追求されてきた。例えば二〇〇八年五月に詩歌文学館賞を受けられたばかりの詩集『私』（思潮社、二〇〇七年）では、宇宙といったコズミックなものへの関心から、少年というモチーフが数多く出てきていて、ここに来て出発点の詩集『二十億光年の孤独』（東京創元社、一九五二年）と強く重なり出している。一人の谷川俊太郎の読者として、そのように思ったりしました。

谷川　オノマトペとは離れますが、そう見てもらうのは多分正しい。「世間知ラズ」のときは結婚していましたからね。妻との関係というのは、世間というものを考える上で他者として大きいものです。そしてまた一人になったとき、面倒くさい関係を結ばなくなって、また少年に戻れたみたいなところがあって。そうするとどうしても宇宙とかそういうものへ、自分の資質として行ってしまうところがある。前に大岡信さんとの対談で「言語とは粒子であると同時に波動である」という考えを聞いたことがありますが、それがビッグバンまで遡っちゃったんです。ビッグバンの時に波動的なエネルギーが粒子的な物質を作った、と。そこから生まれてきたわれわれ自身も粒子であり波動であって、それは言語にしても同じだ、と。文字にすれば粒子だけれど、昔から日本には言霊（ことだま）という言い方があるように言語は波動性も持っている。いまはそっちに傾いて、波動性を考えるようになっている。つまり活字とともに、声のほうに関心が向いてきている。そういう筋道を辿ってきているとは思います。

『二十億光年の孤独』を書いた時とは科学の常識も変わってきていて、考え方の枠組みとしてはもっと広く考えられるわけじゃないですか。素粒子とか、そういう量子的な考え方は一九五〇年代にはわからなかったわけですけど、いまは不確定性原理とかあるわけです。俗流の解説書を読むだけでも、量子というのは位置も質量も不確定で、どっちかを捕まえようとするとどっちかがわかんなくなっちゃう非常に曖昧な存在だと書いてある。そういうのを読んで、そんなものが自分たちを作っている一番基本的なものだと言われると、人間存在とか魂とかいうものにも、本質に不可能なものがあると、理屈としては考えちゃうわけです。それでどういう詩が書けるか、というとあまり関係ないんだけれど。でも、自分がだんだん年をとってきて死ぬのが近づいてくると、死後の生命とか魂とか気になってくる。肉体が滅んだ後自分はどうなるのか、と粒子的な肉体以上の波動的な魂とかそういうものに考えがいく、そういうことも関係していると思うんです。

和合 お話を伺っていると、ますます自分というものが浅い人間だな、と……(笑)。

谷川 歳とったって言うだけで、浅い深いの問題じゃないよ(笑)。

和合 いまのお話で、宮沢賢治の世界を思い出していました。

谷川 宮沢賢治は若い頃からそういうのを体験していた人なんでしょうね。

和合 私は現在、福島に住んでいて、自然の中にいることが詩を書く上で自分にとって最も大事なことだと思うようになってきました。ずっと仕事が忙しいということもあって、これからはきちんとペースをつかんで自分を立て直そうと思っているみたいです(笑)。これまでは原稿を書くというのを第一に考えていたんですが、詩だけじゃなくて、やりたいこともっといろいろやろうと。

いやもちろん、詩を書くのは自分の中では第一位なんですが、山を歩いてみたり、自転車を買って乗り回してみたり、ということを早朝にやるようになりました。家族は、ついに頭がおかしくなったのではと心配していますけど（笑）。

谷川　ついに正常に戻ったというんじゃなくて？

和合　例えば二時間くらい、鳥の声しか聞こえないという環境に身を置くと、本当に心地よい音楽のシャワーを浴びたようで、これまでの自分の人生のなかでこういうことを味わおうとしたことはなかったと思います。これらは直接的に自然と接するチャンネルとして耳に感じられるものなんだと、改めて感じるようになりました。たとえば近所の鶏は、三時半きっかりに鳴くんですよ！（笑）。それを聞くと気持ちが呼び覚まされて、感性が覚醒したような気持ちになります。こうした自然の声に、鮮明な朝の力を感じるんです。

近代の詩人たちがオノマトペで表わそうとしたものに近づけるということではないんですが、音の力、オノマトペの力というのを、日常とは違う次元で感じて耳を澄まそうという方向へ、最近の自分が向かっている気がします。これは何なのかと不思議に思ったりしますね。

谷川　いまの文明が和合さんをそういうところへ追い込んでいるという気がしますね。自然のなかに解放感を求めるということは、特に都市生活者のなかに強い。日本は地方でも、たとえばテレビなんてものは非常に都会的なものですが、そういう自然と対立するものがいっぱいあるわけだから、自然のなかで自分が生きるエネルギーをもらおうとか回復しようとするのは、人間の本能的な動きとしてある。だから全然おかしくなったんじゃなくて、正常になりつつあるんだと思います。
　武満徹も長野の御代田というところに籠って作曲してたんだけど、鳥の声をずっと聞いていて、作曲するのが嫌になっちゃった、鳥の歌のほうがずっといいじゃん、と言うんですよ。鳥の歌とか、風のそよぎとか、そういうものに自分の音楽以上のものを聞き取っていた。そこに音楽の源を持っていた。ですから特に意識せずに和合さんがそっちに行っているのは、とても自然なことだと思います。

和合　それでは私は正しいということで（笑）、自信を持とうと思います。

谷川　どうすれば正常だと思うの。朝起きて詩を書いていると正常だと思うのかしら？

和合　いや、これまでの日常はそれだったんです。

谷川　変わったことが怖いわけですね。びっくりしているんだ。

和合　締め切りや講演会の日取りが迫ってくる。しかし執筆や話の準備をする前に、ロードバイクにまたがっている自分がいる……。私は今年で四〇歳になるのですが、私の中に実は恐怖感があります。このまままっすぐ行ったら、忙しい肉体は悲鳴をあげて崩壊してしまう

――そういう身体感覚が現在あるんですよ。

谷川　その感覚は信用したほうがいいですよ。和合さんは活字よりも声に出すということを、これまでも主眼にやってきたわけでしょう。だから声を出しているうちに、すごく自然な流れで耳を澄ませるようになってるんだよ。

和合　自分の中の他者の声に耳を傾けることにもなるわけでしょうか。

谷川　そう。

和合　いやあ、ありがとうございます。

谷川　人生相談みたいになったね（笑）

にほんごの詩

谷川　今回、「詩のことば」という特集の中で、「いま詩はどうなっているのか」ということを話してくれ、と言われたわけですけど、まず、いま詩の置かれている状況というのは広い意味でいまの時代の世界的な言語状況の中にあるわけですね。その世界的な言語状況をある程度掴まないと、その中で一体詩がどういう位置にあるのかわからないと思うんです。ことばっていうものがいまの世界でどんな状態になっているかということに僕は関心があるので、その中でいわゆる日本の現代詩の状況を考えたいと思っているんです。

和合さんはどういう風にお考えになるかわからないんですけど、今日、僕は具体的な話題を用意してきたんです。ひとつは、アンパンマンのやなせたかしさんがやっていた『詩とメルヘン』（サンリオ）という雑誌が一時休刊して『詩とファンタジー』（かまくら春秋社）というタイトルで再刊したんですけど、その編集を元『現代詩手帖』編集長の桑原茂夫さんが手掛けているということです。そこで僕も今度書かせてもらうんだけど、何も判断を含まずにただ事実として考えた場合に、元『現代詩手帖』の桑原さんが、『詩とメルヘン』の後身にあたる雑誌の編集者をしているということがすごく面白い。もうひとつ「荒地」で英米文学、英米詩の専門だった加島祥造さんがいつからか老子に傾倒して、『求めない』（小学館）という手書きの書を含めた詩集がベストセラーになってる。これはもちろん老子系の思想だと思うんだけど、加島さんが「荒地」から老子へと行って、しかも都会を離れて信州にこもって活動している。このふたつの出来事は一種いまの現代詩の状況にとって象徴的な感じがするんですよ。このふたつの出来事に対していま書いている人たちは、全然無縁なこととして書いているのか、あるいは関連するものとして考えて書いているのかが僕は気になる。和合さんなんかはどうですか？

和合　加島さんの本はもちろん買って読みました。この現象について、正直驚いていています……。

谷川　驚いているだけじゃ僕は駄目だと思うんです。いま言葉が置かれてる状況を、僕の一種生理的な感覚を含めて言うと、言語の絶対量が急激に増大しているというのがまずありますね。これは日本語に限らず世界的にだと思うんですけど、もっと昔に遡って印刷術が開発される前はほとんど音声でしか伝達されなかったわけだから、言語というのは大体すぐ消えていってしまうものだった。個人の記憶の中にしかなかったわけだから、流通している言語って相当少なかったと思うんです。人間が活動している範囲もせいぜい小さな共同体の中だったから、肉声で話すだけで用が足りていた。それがあるとき印刷術が発明されて、活字が発明されて、印刷メディアが出来、本が出来たりして、複製が可能になってだんだん言語の量が増えていった。それがいい加減飽和したところに電子メディアが追い討ちをかけて、いまや電子メディア上での言語の量はすごいことになっている。そういう言語の総量の増大があり、しかも言語の流通の速度もものすごく早くなっていますよね。そのような言語状況の中で詩を書くってことがどういう風になってるのか、和合さんに訊いてみたかったんです。

つまり、まだ「荒地」の頃は詩がストックでありえたという気がするんだけど、いまは詩が全部フローになっていると思うんです。詩だけじゃなくてほとんどの言語がフローになってしまっている。それはなぜかと言えば、情報が主流の言語が多いからですね。情報言語に対して文学言語というものは絶対流れ去らないで、本来はストックになるべきものであって、実際優れた古典というのは全部ストックとして立ち止まってるわけです。だけどいまの詩は、そういうストックになりえない。どんなにいい詩を書いても、古典になりえないっていう気がするんです。これは詩人の力量のせいではなくて、全世界的な言語状況のせいだと僕は思っているんですけど。

和合　谷川さんはこれまでもネット社会やその上に流れる情報としての言語について書かれたり話されたりする中で、そういうフローとしての言語に対するストック＝文学の言語の特質の有用さを一貫して述べられてきたと思うんですけど、特にいま一層の危機感を持たれているということなんでしょうか？

谷川　危機感ではないですね。なぜなら、これはつまりどうしようもないことですから。たとえば、いまは名作がないということが言われます。かつては「荒地」で田村隆一が新作を書けばそれが屹立して人の関心を惹く、といったことがありましたけど、いまはほとんどない。詩集が出ればある程度雑誌で取り上げてくれたり、批評してくれたりするけど、たぶん一年後には忘れられている。そういう流れの急さ加減というのに、自分もやっぱり乗らざるを得ないところがあって、乗るのはある意味で面白いし、流れることも人間が生きていく上でのひとつの側面としてあるわけだから、それ自体を否定する気は全然ないんだけれども、でも詩集の生まれ方とか賞の出方とかを見ていても、あまりに速度が速くて、友達の詩集をゆっくり読む暇もなくって、そこまで行くと快くないんです。

和合　流れの急さ……、ということで言うと、いま確かに若手が詩を書いて詩集を作るまでの速度が非常に速くなっているなと感じます。これはある意味で頼もしさ・好ましさでもあるんですけど……。詩人になりたいけれどどうすれば良いのかとたまに若い方から真剣に尋ねられることがあります。いまの時代にどうやって詩人として屹立していくかということについて、そして「なる」という具体的な方法について、ほとんどわからないというのが正直なところです。そもそもそれが存在しないところで先輩方はやってきたはずだし、それぞれが道を切り拓いていくしかないと基本的には思っていますが、それでも誰かが先を照らして下さって感謝しているということももう一方ではあるし、お節介なところがあるので分かっていることは教えてあげたいという気持ちも先立ってきます。しかしやはり現在の慌ただしい社会の時間と対峙してみて、詩人であるとはどういうことかについて、何と説明したら良いものかと考え込むことが多いですね。谷川さんのおっしゃった「速度」と「言葉の絶対量の増大」の趨勢に撹乱されているのかもしれません。

例えば先週やった仕事の一つですが、ディズニーのサイトの中でコーナーを担当して、私が選者になって、お母さんと子どもの詩を選んで選評を書いたり、パソコンのスピーカーから母子に聞いてもらうポエトリーリーディングを収録したりするというのがあったりして、自分が詩人とはこういうものだと思っていたイメージとはまったく違うものを求められていると感じることが多いです。詩人としての私の仕事は、有り難くも多種多様になってきていて、波に乗っていくにしても本当にクリエイティブに動いていかないといろいろな境目に立つだけで、きょろきょろとしているうちに良い仕事が出来なくなってしまう恐れが、最近はあります。

谷川　つまりもう詩人じゃなくて、タレントだと思わないとなかなかうまいこと乗っていけないというのはありますよね。でも、同時に詩というものを規定する基本的な条件そのものが曖昧になっているって思わない？　だからいまの批評家は大変だと思います。たとえばA

さんの詩はとてもいいけど、Bさんの詩は駄目だとする基準はいったい何なのか、どこにあるのかって僕はいつも批評家に問いたいんです。ある詩が好きか嫌いかということは言えるんだけど、客観的にAさんの詩はいい、Bさんの詩は駄目ということが僕には言えないし、その基準というものが近年特にわからなくなっている気がします。

和合　吉本隆明さんが最近出された『日本語のゆくえ』（光文社、二〇〇八年）で、これは帯にも引かれている言葉なんですが、「いまの若い人たちの詩は「無」だ」と挑発的におっしゃっています。若い詩人たちの詩集三〇冊を一気に読んでの感想ということです。もう少し詳しく言うとこれらの詩集は「自然観が乏しい。かといって都市感覚も無い。全く何も無い」ということなんですね。この吉本さんの感想に触れて、若い詩の書き手として腹が立ったというよりは、違う星の人に物を言われた感触が率直にありました。しかしこれは全体的な問題なのかもしれない。やはりいま谷川さんがおっしゃった、詩の尺度を誰しもがはっきりと見出せていないということと繋がってくるのかなと思いました。

谷川　言語がインフレ化しているということは、ずーっと言われ続けてきたことで、昔だったら福田恆存さんなんかも言っていたけれども、インフレ化しているというのはつまり言語が指し示す実体が見当たらない、それがすごい希薄になっているということなんですね。当時は言語に浮力がついた、浮いてるみたいな言い方だったけど、いまや浮力どころの騒ぎじゃなくて一種言語全体が暴走しているという感じが僕にはあります。なんでそうなっているのかというのは一概に答えられませんけど、たとえば、お金にしても、昔はある実体的な製品とか日々の具体的な労働に対して支払われていたのが、いまや第三次産業のほうが圧倒的に強くなって何かのサービスに対して支払われることが多くなっている。そして、究極的には金融のようにお金がお金を生むのが一番のお金儲けの方法になっていますよね。あれも言語のインフレと同じで、実体を伴わないフローが膨大に生み出されているわけです。そういうものにわれわれ世代はまだ体質的に慣れないんですね。慣れちゃえば投機的に動いて今ごろ大金持ちになったりしてるかと思うんだけど（笑）。

和合　社会と文学のありようは、いまものすごく切り離されているように感じられがちですけど、実はそこで連動しているんですね。

たとえば、いまネット小説やネット短歌、ネット詩、またはケータイ小説といった、主に若い人たちがおそらく谷川さんの言うフローな言語で書いてる表現があります。そしてこれらがいまの若い人たちの感覚をある程度反映しているとすると、もう谷川さんたちのように、近代詩の伝統やもっと昔の古典作品などを咀嚼して、その言葉と向き合って、自分でもさまざまな表現を試していくという書き手は出てこないかもしれませんね。

谷川　そんなことはないよ（笑）。僕だって、いまのケータイ世代と同じで近代詩とかそういうのはほとんど読まないで書き出しましたから。そもそも詩なんて興味なかったからね。その点では僕は詩は白紙から書き出すものであって、自分の教養とか知識から書き出すものじゃないって思っているところがあるし、むしろ無から書き出したほうが詩はよく書けるとすら思っています。

ケータイの言葉ということで言うと、ときどき若い人たちのメールを読んだりするけれど、すごい短い言葉が往復していますよね。その中で一番特徴的なのは絵文字の多用だと思うんです。あそこまで絵文字が入る通信手段はいままでなかったわけで、いま映像的な感性が文字の世界にものすごい勢いで進入しているという気がする。マンガ、テレビドラマ、映画……いま人気のあるものってみんな映像的なものですよね。なぜみんな映像を求めるかっていうと、確かにきれいで面白いからというのはあるんだけど、言語からの逃避という側面もある気がするんです。つまり、言語は基本的にひとつひとつを名付けて整理し秩序を与えるという機能があるわけで、みんな日常生活の中でそういう一義的な言語を使っているからこそ、詩や小説のような多義的な、自由な言語の使い方を欲するということがある。けれども、社会が複雑かつ広大になっていくと、さまざまな決め事が必要となって、一義的な言語の領域がどうしても増えていく。それの極端なかたちが「0か1か」というコンピュータのデジタルな言語だと思うんです。そこにはもう多義的な言語が存在する余地がなくって、そういう一義性にみんな生理的に耐え切れず、アナログな映像とか音楽とかに行くんじゃないかというのが僕の仮説なんです。そういうものが増えることはある意味で現代人の生理的な救いになっているんだろうと思いますけど、同時にそれによって現実の見方が曖昧になるということもありますね。

和合　イメージがあまりにも集中的に投下された場合、画一化してしまうこともありますよね。

谷川　そうですね。

和合　いまあちこちで子どもに詩を教えるワークショップということをやっているんですけど、子どもたちはかなりイメージが画一化されている環境にあるという実感があります。たとえばプラネタリウムで詩を書くというワークショップをあちらこちらでしているんですが、宇宙を見て出てくる最初の言葉が「きらきら」とか「ダイヤモンドのよう」という紋切型ばかりなんですね。ある子どもが「ビスケットのように星が散らばってる」と書いたのを取り上げて、「この表現いいね」って一言言うと、言われた子どもも思いがけなかった様子でびっくりしていたし、後ろで見ているお父さん、お母さんまでびっくりしていたんです（笑）。それからは、めきめきと良いフレーズが浮かんでくる。「星のゆりかご」というものを形容して「宇宙は謎のたね」とか、一つの星の映像の印象なんでしょうけれど「ガスと岩石と光の楽園」とか……。子どもたちに感性がないわけじゃないんです。でもその自由な雰囲気にたどりつくまで、時間がかかるんです。ちなみに親御さんたちは僕と同じで三〇代から四〇代くらいなんですよ。ワークの時間のさなかに、一瞬でも固い空気に包まれてしまうと、彼らもその子どもたちも、やっぱり同一に画一化されたイメージ世界を生きている、現代人の一人一人なんだなあとすごく思います。

谷川　それは明らかにそうですね。テレビを見ても新聞を読んでも画一化された表現ばかりですよね。同じような事件が繰り返し起こるのを、同じような決まり文句で繰り返し報道していて、それによってまた同じような事件が起こって……と世界が貧しい決まり文句だけで回っていく。そんなものばかり見ていたら、そういう風にしか世界を見られなくなってしまう。その悪循環を壊すためにはよっぽど自分がしっかりした世界認識みたいなのを持っていないと駄目ですね。

体験から導かれることば

谷川　和合さんはゲームに材を取った詩も書いたくらいだから、そんなことはないと思うけど、僕はゲームの面白さって全然理解できないんですよ。たとえばRPG（ロールプレイングゲーム）というのは物語をただ読むだけじゃなくて、主体的に動かしていくのが楽しいんだろうと想像はできるけど、でも、果たしてヴァーチャルな映像と音声だけの現実が本当に自分の体験として感じられるなんてことがあるんだろうか？　つまり現実の日々の生活の中で起こる対人関係とかいろんな体験と同じようにゲームの中での体験を感じることがあるのかしら？　と思うんだけど。

和合　体験になる、とはっきりと言えるんじゃないかと思います。私は、最初のテレビゲーム・ゲームセンター世代です。初代インベーダーゲームの頃の平面感覚と比べたら（笑）、いまのゲームは完全に没入するように作られてますね。最近だとＩＣカードなんかを子どもたちが使っていて、ゲームをやった内容をいちいち記録して、次回はその続きから出来たりするようになっている。みんなそれを、小さなファイルに入れて何枚も宝物として持って歩いていています（笑）。ムシキング、恐竜キング、マリオカート……。いまの子どもたちはもう小学生の段階でカード社会に入っているんです（笑）。

谷川　そういうのが吉本さんのいう自然が無いっていうのに結びついてるんじゃないの？（笑）

和合　そうかもしれません。でも、あそこで吉本さんが言う「自然が無い」とは、本当によくわからないんです。吉本さんが一気に読んだ三〇冊の詩集に僕の詩集も二冊ほど入っていて、僕なりに自然観ということだけにこだわって、これまで詩を書いてきたという思いがあったので、え？　と、本に向かって聞き返しました（笑）。大体三〇冊も一気に読んだら、みんな同じに見えますよ（笑）。まあ、私のことはいいとしまして……。でも「江戸の仇を長崎で」じゃないですけど、今日お話をうかがうにあたって、谷川さんの詩集を一晩で全部読み直すぐらいの勢いで読んできて（笑）、気がついたことがありました。たとえば谷川さんの『二十億光年の孤独』（東京創元社、一九五二年）から『旅』（求龍堂、一九六八年）ぐらいまでの詩集をつらぬく理法――われわれが感じている常識の世界とは違うところで働いている別の理法の世界は、詩人のとらえる〈自然〉の概念そのものだという実感を何度も持ちました。

谷川　なるほどね。僕がなぜゲームの世界を気にしたかって言うと、さっきの言語が画一化しているということと関係があるんだけど、詩だけじゃなくて、日常言語の中でも、みんな自分なりに言語を定義して使ってるわけですよね。愛なら愛っていう言語をどう思ってるかっていうことを自分なりに決めて使っている。本来ある人にとっての言語って、その人の現実の経験が定義するものだと思うんですね。だから辞書にある言葉とはまた違う定義をひとりひとりみんなが持ってるはずなんです。だけど、いまの言語はそういう現実体験から定義されてなくて、言語から定義されてるという気がすごくする。どんな言語も言語に定義されているだけで、その言語の基本にある、人間の一個の肉体の体験が見えないんですよね。言語によって言語を体験してるから、だんだん画一化していくんじゃないかという気がしますね。言語に個別性がないわけだから。ひとりの個人がある言語を発言したり書いたりすることで個別性って出てくるわけだけど、その個人の奥底から湧いてくる言語がすごく少なくなっている。そういう経験がしにくくなっているのが、バーチャルな世界がはびこるひとつの理由だという気がする。バーチャルのほうが体験しやすいでしょう？　どこにも行かなくていいし、お金もそんなにかからないし、傷ついたりもしない。現実世界の本当に自分の体にこたえるような経験をみんな避けるようになっていて、それがやっぱり言語というものをちょっと浮き上がらせてるって感じはしますね。詩もそういうものに影響を受けているんじゃないかと思います。

自分の身体を意識する

和合　その後四〇代ぐらいから六〇代くらいにかけて、さまざまなスタイルの作品を並行させるという時期がありますよね。『日本語のカタログ』（思潮社、一九八四年）とか『よしなしうた』（青土社、一九八五年）とか『メランコリーの川下り』（思潮社、一九八八年）とかさまざまなスタイルを変幻自在にしながら時代と一緒に歩んできたというか、メディアを渡り歩くようなかたちで詩人としての自分を世に出してこられてきたと思うんですけれども、そのときの状況と現在の状況を比べるとどうですか？

谷川　現在のほうがはるかにきつい状況だと思います。僕がいろんなことをやっていた時代は要するにあの手この手を使わなければ他者に届かないという意識がすごく強かったんです。僕はピンポンのプレイヤーになぞらえて、「俺はオールラウンドでいくんだ」と。それこそ正津勉と対詩なんてやって、「お前はカットマンじゃねぇか」とか言っていた（笑）。僕は最初の出発点から常に読者というものに届かなきゃいけないって思ってたし、そもそも読者に届かないと生活費が稼げない（笑）。だから、あの時代はとにかく自分も楽しかったけど、あの手この手で読者を楽しませたい、読者に届かせたいという気持ちがすごく強かった。

でも、いまはあの手もこの手も無効なんじゃないかっていう感じがするんです。だけど、現実には幼児のための雑誌とか新聞とか文芸誌とかさまざまなメディアから注文は来て、僕もなんだかんだ言ってわりとメディアを意識して書くから、やっぱりあの手この手で書いているところはあるんだけど、ここ何年かで気がついたこととして、自分の中でたとえばサンリオで出す詩集、集英社で出す詩集、それから思潮社で出す詩集という風に大雑把に三つぐらいに分けていたのが区別がなくなりつつある。以前のように、自分の中ではっきりと分けた書き方ができなくなっているんです。

和合　四元康祐さんが『現代詩手帖』での谷川俊太郎特集（〇七年八月号、思潮社）で、とても面白い谷川俊太郎詩集マップを作成されていて、ここだと五種類に分けられてますが、そういう系列立てが出来なくなっているということですか？

谷川　なんと言うか、もっと自分の現実の生き方みたいなものにちゃんと基礎を置かないとまずいって言えばいいのかな。そういう感じで書いていくとやっぱりそんなにバラエティは出てこないんです。

和合　四〇代から六〇代くらいまでのさまざまなスタイルを書き分けられていた時期は、匿名性に拠ったかたちの作品が多かったようにも思うんですが。

谷川　それは前からわりとあったんだけど、『マザー・グース』を翻訳したあたりからアノニマスな、作者というものが問題にならないような詩を自分でも書きたいし、そういうものがやっぱり詩の本流ではないかということを考えてましたね。

和合　そうして匿名性を求め、世界と直結するような作品を書くということでどんどん広い世界に向かっていた。するとしだいに眼差しは世界から世間に変わってきて、〈私性〉みたいなものに強く向かってきたということを、うかがった覚えがあります。

谷川　僕はここ一〇年ぐらい、朗読の舞台がすごく増えてきているんです。だから、活字メディアで発表することと声＝音声メディアで他者に届けるということが、ほとんど同じぐらいの重さになってきている気がする。活字に対する反応よりも、たとえ数は少なくてもその場で読んでお客さんが拍手してくれたり、喜んでくれたりっていうことのほうがずっと手ごたえがあって、自分にとってプラスになっているかもしれない。

和合　詩の現場性ということでしょうか。

谷川　詩が成立する場を自分の身体で感じたいっていうのかな。それと同時に、朗読をすることで自分というものを身体の観点から見るようになったのが重要なこととしてあります。

現代のフローとは？

和合　冒頭で挙げられた『詩とファンタジー』の話と加島祥造さんの話というのは、フローな言語環境での詩のボーダーレス化への感慨につながると思うんです。以前、詩のランドスケープのたとえとして、頂上には近代詩から連綿と系譜を受け継ぐ現代詩の世界があり、山裾のほうには童歌や児童詩があるとおっしゃっていましたけど、いまそのたとえで言うとどんな感じでしょう？

谷川　いまはもう山崩れ（笑）。頂上のほうはもう別の山になっちゃって、必死にこっちが本当の山だという風にストックを積み上げようとしている。裾野のほうは一所懸命山を作ろうとしてるんだけど、もう積むそばから崩れていくみたいな感じ。ばらばらになっていて、でもそれでいいんじゃないのっていう風になっちゃってますね。

一方で歴史的な経緯を踏まえた、思想的な詩の評論とか詩を『現代詩手帖』なんかに書く詩の専門家の一群がいて、他方で自費出版で詩集を出してる相当な数の詩人たちがいるわけです。それの象徴がこないだ潰れた新風舎だったわけですけど、最盛期は二百何十人もの社員を抱えて、赤坂に大きなビルを構えていました。僕は社長の松崎義行さんと会ってよく話をしてたんですけど、彼は自費出版というのが詩の基本だ、という信念を持っていて、それは僕にとって盲点だったんです。自費出版で出る詩なんてどうせ大したことないっていう思いこみをちょっと正されたような気がして、僕はわりと肩入れしていたんです。それでオフィスに行ってみるとあまりに巨大で、詩のマーケットってこんなに広かったんだと思って驚いたんですね。そうしたら潰れ方もまた本当に早かった。でも、松崎さん自身の個人的な資産って皆無なんですよ。普通、急激に成長した青年実業家なんて、いい車に乗って、六本木あたりに出没して高い店をハシゴしたりするじゃない？ そういうのが一切なくって、見た目も本当に詩人としか言いようがない感じで。僕はそこも感心したんだけど、商売的にはそれが裏目に出たんだね。要するに彼はフローでだけ商売してたわけで、フローは集まるのも早くて多いけど、なくなるときもあっという間なんです。そこでフローってものがいかに脆いかを知ったところはありますね。

和合 現代の詩の状況を考える上で、ひとつの象徴的な出来事だった気はします。

谷川 そうですね。新風舎は潰れたわけだけど、文芸社は相変わらずがんばってるし、また老舗の出版社がみんな自費出版の部門を設けつつありますよね。商業出版という枠組自体がすでに危機に瀕してるってことがあるから、これからどうなるのかよくわからないところはありますけど、自費出版という形態で書かれる詩がなくなるってことはないでしょうね。

意識化以前のことばを掴む

和合　また谷川さんの話に戻りますが、谷川さんはたとえば『よしなしうた』とか『はだか』（筑摩書房）とか、さまざまな平仮名で書かれた児童詩をたくさん出されてきたわけですけど、いままで話してきたような状況が、現在あるいはこれからの児童詩を書かれるときに反映されることはあるでしょうか？

谷川　それはあるでしょうね。まあ、それよりも単純に自分の問題、さっき言ったけど自分の身体であるとか老いであるとか死後の世界ということへだんだん関心が移っていくのが明らかに反映されますよね。今度、死についての絵本を出すんですけど、そういうテーマで子どもに向けて書くようになったのには、自分の関心の変化が影響してるでしょうね。

いま僕が一番興味を感じているジャンルは絵本なんですよ。僕にとっては絵本の仕事がいま一番前衛的だと言ってもいいかもしれない（笑）。落合恵子さんのクレヨンハウスで出している「赤ちゃんから絵本」っていうシリーズをもう七冊か八冊出しているんですけど、この間、しりあがり寿さんと祖父江慎さんと三人で即興で一冊作ったんです。なんか詩ではできないことが、そういう小さい子ども向けの絵本だとできる。それは要するに、意味とかに全然こだわらずに済む分野だからだと思うんです。言語以前、意識化以前のもやもやしたものが絵の助けを借りることである程度言語化できるみたいいな。絵画・映像ってやっぱりはるかに言語よりも意識下に根ざしてるところがあるわけで、それに言語が引きずられて、本当にノンセンスなことばが出てくるのね。

和合　ノンセンス、で思い出してしまうもの——やはり四〇代から六〇代ぐらいの時代に『詩めくり』（マドラ出版）という詩集を書かれましたよね。三六五日分の三六五本の詩があるというものですけど、これはどういうかたちで書かれたのでしょうか。この順番で書かれたんですか？

谷川　サトーハチローさんが、毎朝三つか四つ詩を書いてたというのを読んで、詩ってそんなに簡単に書けるんだと僕は目を開かれたわけです。僕はもっと詩というものを深刻に考えていたので。それでなんか吹っ切れて、とにかく一日ひとつずつ、一年間詩を書いてみようという発想が生まれたわけ。それで大判のノートを持ち歩いて、考え付いたときに短い詩をずっと書いていたんだけど、結局一年はかからずに半年ちょっとぐらいで終わったんじゃないかな（笑）。

和合　思ってたよりも書けたわけですね（笑）。

谷川　僕はせっかちなものだから電車に乗りながら書いたりしてて、さっさと一年分書いちゃったんですね。そのときに一種自分なりのノンセンスな書き方を会得したところはありますね。

和合　そのときは推敲はされたんですか？

谷川　相当してましたね。電子メディアだと切ったり貼ったりが楽なものだからすごい推敲をするようになってるんですけど、その頃もけっこう推敲してたんじゃないかな。

和合　私が第一詩集で中原中也賞をいただいたときに（『AFTER』、思潮社）、未完成の詩集ということを言われましたし、私自身も負けずにその未完成の魅力ということについての所感をずいぶんと言ったと思うんですけど、その頃から詩における完成ってなんだろうという気持ちがあります。今も未完成なものを、完成作品として出していきたいという気持ちが根本的にあるんですけど、たとえば谷川さんは非常に完成度の高い作品と同時に『夜中に台所でぼくはきみに話しかけたかった』（青土社）のような、一見すっと書いたように見える作品を書かれています。この区別はどのようにあるんでしょうか？

谷川　基本的にどこが完成の時点かと言うと締め切りの時点ですよね。だからそこで多少不満があっても出してしまうということはあります。でも実際に推敲していくと、もうこれは飽きちゃった、これ以上いじるのめんどくせーや、というポイントがあるんです。そのときはそこでやめます。それ以上いじるくらいだったら別の詩を最初から書いたほうがいいわけです。そういう点では、僕はわりと多産で、もしかするとフロー型の書き方をしてきているのかもしれない。ときどきジャズのアドリブと同じだって思うことがあるんです。そういう速度というものが僕にはあって、どういう文体で書くかっていうのは書き始めでもう決まっちゃいますね。書き始めてみて、この文体じゃないなと思ったら、また頭からやり直す。その文体がたとえば軽い文体だと、わりとすらすらーっと五、六行は書けてしまう。『定義』(思潮社)みたいな文体だとなかなか先にいかないみたいなこともあるし、ひとつひとつの詩によってちょっとずつ違っている。

和合　さまざまなスタイルがある中で、『夜中に台所でぼくはきみに話しかけたかった』などの魅力というのは、いまおっしゃったような〈速度〉にあると思うんです。どこで詩を書き上げるかという区切りについては、谷川さんの作品をいろいろ拝見してますと、それぞれに違う間合いの感触がありますね。

これも最初に文体を決定されることと関わるのかもしれませんが、書き出しの言葉というのはどのように得られるものなんでしょうか?

谷川　加島祥造さんが老子に行ったのは、僕もある意味で共感するところがあって、つまり詩のことばって禅の、道元なんかが言ったような「不立文字」的なところがあるわけですよ。言語で言い切れないところをどうにか言語で言ってやろうみたいな。僕は詩を書くときの精神集中の仕方ってなんか座禅に近いんじゃないかって思うことがある。

和合　ディスプレイをじーっと凝視するような感じですか?

谷川　そうじゃなくて、別に何も見なくたっていい。ただぼんやりしてればいいんです。それで何でもいいんだけど言葉がぽこっと出てきたらディスプレイに打つ。そうするとそれは客観的に見られるから、そこからいろいろ連想も湧くし、推敲も始まる。だから最初はとにかく自分の意識下のわけわかんないところから何かが出てくるのを待ってるという状態。

和合 その時点である程度こういうものを書こうといった意識はあるんですか？

谷川 ないない（笑）。自分を完全にからっぽにしないと駄目なんです。たとえば平和について書けって言われたとしても、平和って何だろうって思ってるうちは出てこない。ぽこっと出てきたものがうまくすれば平和っていう主題からの連想で繋げられることはあるけど、最初からそれを狙うことはできない。井筒俊彦さんというイスラム学者が、意識下の「意味可能体」という言い方をしているんですけど、それはすごく適切だと思うんです。まだ意味になってない言語がもやもやと意識下にある。それが意味として浮かび上がってくる瞬間がその最初のディスプレイで見る一行だと思うんですね。それは完全に理性とか知性で繋がれた言葉ではなくって、でもそこはいわゆる集合的無意識と呼ばれるような、日本語を使っている人間全部の無意識と繋がっているはずだという風に僕は信じて言葉が出てくるのを待っているわけです。

和合 中原中也の「名辞以前」の言葉というか。

谷川 それから宮沢賢治の「無意識即」とかね。だからたぶんみんな同じことを言っているんだと思います。

弱く微細な力のほうへ

和合　谷川さんのいまの言葉の状況に対する最も新しいリアクションが『私』(思潮社)という詩集だと思うんです。この「私」というタイトルがすごく気になっています。これはなぜに付けられたんでしょうか。

谷川　たぶん身体に興味を持つようになって「私」というものを見直したということがひとつ。それから、僕は若い頃にジャック・プレヴェールに夢中で、プレヴェールのような詩の中のわたくし=詩人自身というのではなく、詩のなかに虚構を持ちこんで「私」を書きたいということを言ったら、岩田宏が、プレヴェールは虚構がどうしたとかそんなケチなわたくし性じゃなくて、もっと巨大なわたくし性だって言ってくれた。それがすごい印象に残っていて、自分の「私」がどこまで重層化して、どこまで器が大きくなるかというのを試したいという気持ちで「私」っていう題名になったのかもしれません。だから最初にある「私」っていう組詩的なものを最初に『新潮』に発表したときには、そんなに意識してなかったけど、自分の多面性、私をどこまで深く広く拡張できるか、いかに自分がほかの人間になれるかみたいなことを詩の世界でだけれどもやってみたいという気持ちはたぶん隠れてたと思うんです。

和合　なるほど。多面性を追求する一方で、逆にここまで語られてきたような現在の状況では――身体への関心ということを始めとして――もはや「私」という寄る辺しかないんじゃないかというお考えもありましたでしょうか？

谷川 そうですね。もうグループで何かやるとか、あるいはもっと大状況をどうにかしようということはどうにもできなくなっていて、じゃあやっぱり自分個人で本当にささやかでいいから、なんかやるっきゃないという気持ちはすごく強い。そういう意味で僕は「私」というものがやっぱり人間関係の基本にあると思っているので、「私」をちゃんと守らないとまずいと思うようになってきています。

和合 「少年」の連作詩が特に心惹かれたところがあったんですけど、「少年」が出てきたということが初期の、一〇代、二〇代の頃の作品と直結しているようにも思ったんです。ただ背景は全然違っていますね。

谷川 あの連作は月刊誌で年間一二篇と言われて、月に一篇ずつ書くはずだったんだけど、一二篇いっぺんに書いちゃったんです（笑）。なんでそれができたかって言うと、中川俊郎という作曲家の『ハックルベリー・エキスプレス』という曲を聴いたからなんですよ。元々僕は音楽聴きながら書けない人間なんだけど、なぜか『ハックルベリー・エキスプレス』のおかげでことばが出てきて、特に少年という主題で書くつもりもなかったんだけど、書き始めたら少年が主人公になっていたんです。

和合 「俺のなかに少年がいる」っていう出だしの詩もお若い頃に書かれていて、〈少年性〉

というのは谷川俊太郎さんの詩の大きなキーワードのひとつだと思うんです。世界から世間へと、そしておそらくいま身体ということへと関心が移っていく中で〈少年性〉が新しい展開を迎えつつある、と私は思ったんです。その背景としては、最初におっしゃった現状への危機感や不安感というものがあるということなんでしょうか？

谷川　それもありますよ。そんなに強く意識するわけではないけど、僕がよく思い出すのは鶴見俊輔さんの「退行計画」っていう文章なんです（『不定形の思想』、文藝春秋）。内容はよく覚えてないんだけど（笑）、この題名ですよね。つまり人間はやっぱり危機に際して退行しなきゃいけないときがあると思うんです。僕はやはり時代のプレッシャーなんかに対して、たとえば子どものための詩を書くとか、自分自身が子どもになって詩を書くとか、あるいはノンセンスみたいな普通の社会的なところでは意味を持たないものを書くという一種の幼児化、退行によって切り抜けてきてるっていう意識はありますね。いまでもたとえば二歳児ぐらいのための詩を書いて、うまく書けると嬉しいんですよ。それは明らかに退行しなくちゃ書けないわけで、それができるのは自分で運がいいと思います。

和合　子どもたちもまたそういうものをちゃんと受け止めるんですよね。先ほどから繰り返し述べていますが、プラネタリウムのワークショップのさなかで、『二十億光年の孤独』の詩を朗読をさせてもらって、一人の子が「星と星とのあいだの孤独に　僕は思わずあくびした」って書いたんです（笑）。ちゃんと「くしゃみした」というのを自分なりにパラフレーズして「あくびした」に変えてるわけです。僕は子どもに詩を教えるというのを、四〇代でのひとつの大きな仕事にしたいと思っているんです。詩とは何かについてまず、とにかくこだわりを持たせないで楽しみながら感じさせたいという思いがあります。子どもに響くことばというのをこちらがまず見つけていって、それをどう自分の頭と身体ぐるみで真似させていくか、パラフレーズさせていくかっていうことを、まずは大切にやっていきたいと思っているんです。

谷川　パラフレーズがどこまで有効なのかわからないんですけど、工藤直子さんの『のはらうた』(童話屋)なんかはすごいですよね。あれはみんながパラフレーズしやすいというのはあるんでしょうけど、詩というか言語表現の入り口でそういうことをするのは僕はいいことだと思います。それは一種の学び、真似する学びだからね。最初から子どもにありのままに書きなさいとか、気持ちを正直に書きなさいって言ってもなかなか書けないでしょう? 個性なんて信頼できない観念だから、先行する作品をモデルにするのは必要だと思いますね。

和合　情報供給=ひとつのフローという状況をきちんと指し示すことで、同時にフローではないものを指し示すやり方を、ワークショップの現場では試してみたいと今日のインタビューを通して、思いつきました。上手く導く方法を探ってみたいと思います。

それで最後に、この特集号の『ユリイカ』は二〇代も初めの最果タヒさんがめでたく最年少で受賞されたという、中原中也賞の発表号でもあるんですが、いまの若い書き手、あるいはこれから書こうと思ってる一〇代のみなさんに——今日のお話がすべてそうだったと言えばその通りなんですけど——メッセージをいただけると嬉しいのですが。

谷川 出た！ 僕はそのメッセージって言葉が大っ嫌いなんですよ（笑）。いま求められる言葉がみんな何かへのメッセージであったり意見だったりするのはすごく問題があると思っているんです。詩というのはメッセージでも意見でもないから希少価値があるはずで、そういう観点で詩を求めてる人も僕はいると思うんだけど、みんな無意識に人の顔を見るとメッセージを、とかご意見は？ ってつい言っちゃうんですよね。僕が書き始めたのなんて、友達に誘われたからでしかないし、書き続けてきたのも、書けばお金がもらえて、そうすれば自分もそれに見合うぐらいは社会の中での役割を持たなきゃいけないだろうというので、いままでなし崩しにやってきたようなものですから、そんな人に偉そうに言えるようなことなんてないですよ。

和合 谷川さんと何度もご一緒させていただいていますので、なんとなくありました、メッセージについて嫌がられてしまう予感（笑）。質問を変えます。ならばズバリ！ 詩人の社会的役割とは何だと思いますか？ このことについて最も意識的な詩人にお聞きしたい。

谷川 非常に微細なエネルギーが人にある程度影響を与えるということを信ずるということじゃないでしょうか。僕はいま呼吸法を習っているんですけど、スポーツと全然違う身体の使い方をするんです。スポーツって筋肉を鍛えるために身体を強く動かして、強い力を使う。

呼吸法やいわゆる身体術は本当に身体の微細な動きで身体を変えていくんです。僕はそれはひとつの革命的な考え方だと思って、いま世間で作用している力って権力にしろ財力にしろすごい強い力ですけど、それに対して文学の力というのは、もっと微細な繊細な力なんですよね。その微細な繊細な力というものを信じるようにならないと駄目なんじゃないかと。呼吸法でも意識の仕方はどんどん微細なところに入っていくんです。そういう微細なところに気付くようにならなければ駄目だという方法論なんですね。だから詩や詩人がもしも世の中の役に立つとしたら、ベストセラー小説みたいな売れ方をするとかではなくて、知らない間にその人にちょこっとでも何らかの作用を与えるかもしれない言葉を紡いでいく、その微細な力を信ずる、信じさせるということじゃないでしょうか。

和合　おお、うっとりとしてしまいました。私は二〇年間、詩を書き続けてきました。これから信じられないことに、四〇代へ入っていくわけですけれど、良い鍵を得ました。文学の微細な力を感じ信じながら、そして周りへとパルスを波及すべく、今後ともますます谷川俊太郎さんに嫌がられつつも厚かましく教えを乞いながら（笑）頑張っていきたいと思います。

ii

中原中也の詩

中原中也との因縁

谷川　僕の父親の谷川徹三は、哲学者だったけれども文学関係に友達が多くて、書庫に詩集がたくさんありました。僕に詩を書けと勧めてくれた、北川幸比古という児童文学をやっている友人がその書庫を目当てに家に通って来ていたんですけど、彼が「こんな詩集があるじゃないか！」と言って見せてくれたのが中原中也の『山羊の歌』だったんです。もちろん初版本で、父親宛の署名入りなんですが、僕はその頃まったく値打ちもわからないし、中原中也と言っても全然ピンと来なかった。むしろ、すごく尊敬していたベートーベンを「ベトちゃん」とか言うから腹が立ってさ（笑）。そうして有り難みもないままほってあったのですが、先日テレビで「なんでも鑑定団」を見ていたら出てきたんです、『山羊の歌』初版が。なんと三〇〇万円だったんですよ！　もう必死に書庫に行って探して来ましたよ、いざという時のために（笑）。

和合　テレビを見てたら谷川さんが、『山羊の歌』を持って三〇〇万でどうですか、とか言ってたら嫌ですね（笑）。

谷川　でも父宛のサインがあるからできなくて。涙を呑んで中也記念館に寄贈しましたけど。

あともう一つおもしろい縁があって、小林秀雄と中原中也は長谷川泰子をはさんで三角関係でしたが、うちの父親の谷川徹三と小林秀雄も、さらっと三角関係だったんですよ（笑）。父はなかなかいい男で、とてもモテたんです。僕が生まれた後なんですけど、母がいるにも関わらず、当時のカフェで給仕していた女性と愛し合っちゃったらしいんです。そうしたらその女性のことを小林秀雄さんが好きになってしまって、うちの父のところへ彼女を譲ってくれと言いに来た。それで父も譲ってしまった（笑）。そのとき譲ってくれたから、両親も離婚しないで私もすくすく育つことができたんですけどね。父が、小林秀雄からこう言われたから彼のところへ行けと言ったときに、一緒に死んでくれと言われたそうですよ。これは父ではない人から聞いた話ですけれども……。私は写真でしか知りませんが、その方は小林秀雄夫人として亡くなっています。ちょっと変な縁でしょう？

他にも、家には富永太郎さんの弟の富永次郎さんが出入りしていました。それは中也の仲間だった古谷綱武さんが父親の弟子筋で、うちの近所に住んでいらしたからなんだけども、よく考えれば、僕は中也と二五歳しか歳が違わないのだから、中也の周囲の人と接触があっても当然なんだなと思います。ただ中原中也とか小林秀雄と言ったら、歴史的人物に見えちゃうでしょう。

和合　そうですね。歴史という「物語」のなかの人物という感じです。でも中原中也をめぐる世界のなかに谷川俊太郎もいる、というのはなんだかすごいですね。

谷川　私ももう文学史上の人物ですよ（笑）。

和合　確かに。私の教え子などは谷川俊太郎さんと言うと、「あ、まだ……」と（笑）。

谷川　そうなのよ！　小学生なんて私に向かって「生きてる！　生きてる！」って言うんだから。

和合　歴史的人物とお話できて本当に光栄です（笑）。

夢枕に立つ中也

和合　ところで、私は谷川さんと中原中也の詩に類似性を感じるんです。それで今日は、中原中也がもし存命であったら、谷川俊太郎にどのような質問をしただろうか、ということを考えて来ました。題して「中原中也から谷川俊太郎への質問」。

谷川　ほう！

和合　私は昨日、仕事で夜中の一時半くらいまで飲んでいたのですが、今朝は五時半にぱっと目が覚めたんです。そこで、「質問をしてくれ」という声が聞こえましたから。

谷川　（笑）

和合　よろしくお願いします。

中原中也から谷川俊太郎への質問

Q1

和合　まず、中原中也の人生は、小林秀雄や大岡昇平、富永太郎など数々の友達の存在抜きには語れないと思われますが、谷川さんにとって本当の友達とは誰にあたるのですか？

谷川　まず思い浮かぶのは、もう死んじゃいましたけど武満徹ですね。外国旅行へも一緒に行ったりしましたし、家族ぐるみで付き合ったという意味では武満徹が一番親しいかな。あとは大岡信も僕にとっても大切な友達ですし、その周辺の「櫂」の仲間もそうです。

ただ、僕は中也みたいに一緒に飲んで語り合うとか、そういう付き合いはあまりしませんね。一人っ子のせいか、友達とそういう付き合いに入れないんです。すぐ一人になりたくなっちゃう。でも、ミニ中原中也みたいなのは結構いますよね。才能ないのに性格だけは中原的な……。詩が素晴らしければ我慢できるけど、そうでもないからなお悪いという。

Q2

和合　いるかもしれません。中原中也の詩に憧れて仕事を辞めたという人もいましたし、中原中也はすごい力を持っているんですね（笑）。

私は一度、谷川俊太郎さんのご自宅に伺ったことがあるのですが、道中で迷ってしまって……。

谷川　迷うとかじゃなくて、降りる駅だけしか知らずに来たんでしょう。そんなのわかるわけないじゃない、東京だよ？

和合　「谷川俊太郎の家」みたいな看板があるかと思って……。

谷川　それはお葬式の時だけだよ（笑）！

和合　私は小心者なので、谷川さんに電話して細かく伺うのもおこがましいなと思って、まあ駅を降りたらわかるだろうと思ったら、まったくわからないんです。それで、交番で谷川俊太郎の家はどこですかと聞いたら「教えられません」と。今の時代、当然ですよね。結局、谷川さんにお電話して交番まで迎えに来ていただきました。

谷川　和合さんは、これでけっこう中原中也的な側面があるよね。

和合　本当に心暖かい人だなあと思ったんですよ、あのときは本当にありがとうございました（笑）。

和合　中原中也は「一月読んだらわかる教科書を、中学校というところは一年もかけて教える。そんな馬鹿らしい勉強はせん」と言って、落第した時に開き直りました。谷川さんとは教科書についても話をさせていただいたことがありますが、そのあたりはどう思われますか。

谷川　僕が落第したのは、知りたいことが出てきたときに、全然興味のない物理学や数学なんかの教科書を教室に閉じ込められて読むよりも、家に帰ってそっちのほうの本を読みたい、というだけの理由ですから……。教科書がひどいというのは、当時のではなくて今の教科書についてです。

和合　谷川さんは『にほんご』（福音館書店）という教科書も編集されていますね。

Q3

和合　中原中也は「人間に残るのは苦さだけだ。その苦さにはピンからキリまである。（…）なんにも無くても希望がある。希望はいいものだ」と言っています。谷川さんが描こうとしているものは、苦さと希望のどちらですか。

谷川　それは二択の質問なの？　——質問が間違ってます！

僕は詩を書く場合に、書こうというものはないんです。中也もそうじゃないかと思うんだけど。依頼によってはテーマについて書くということはありますけど、詩を作るときには「何を書く」というのを頭から追い出さないと駄目だ、というふうに思っています。だから、左脳をシャットダウンしてしまう。もっと脳よりも下、丹田（たんでん）で考える感じかな。普段われわれが書いたり喋ったりしている、左脳中心の表層言語ではない言語のなかに潜んでいるものを待つ、というのが詩の言語だと思うんですよ。

和合　書こうというものを追い出してから書く……。

谷川　たとえば、春に婦人雑誌から「さくら」について書いてくださいという依頼が来ると、桜のことは念頭におくんだけれども、桜から散文的な、左脳的な連想で考えてしまうと、変に理詰めの言葉になりかねないんです。だから一度桜を忘れて、自分を空っぽにして待っていると、思いがけない言葉がぽろっと出てくる。自分でもなんでこれを書けたんだろうというものが、詩の出発点としてはいいんじゃないかと思います。

中也の一部の詩にはそれがあるんです。普通の考えでは、なんで丘が胸に手を当てて退くの？　と思うわけでしょう（丘々は、胸に手を当て／退けり。「夕照」）。こういうのは理性的には絶対出てこない。

和合　吉本隆明さんも、詩人というのは行き当たりばったりの言葉から始まる、と書いていますね。

谷川　そうです、そりゃ行き当たりばったりです。ただその行き当たりばったりが、一番深いところでリアリティを持ちえているかというのが勝負です。行き当たりばったりでつまらない言葉しか出てこないことだってあるわけですから。一方で中也のダダイズム的なものは、見かけは深いところから出て来た言葉に似ていても、あれはそんなに深くない。組み合わせが面白いというのはありますけど、その「面白さ」が似てくるんです。

和合　その深さは無意識とは違うものですか。

谷川　無意識と同じようなものだと思います。僕がそういうことに気が付いたのは、河合隼雄さんのユング心理学の講義で聞き手になったときです（『魂にメスはいらない』、講談社）。勉強の仕方とか、クライアントを前に実際にどういう療法を行っているかということを聞いているときに、すごく詩の書き方に似ているということを発見して驚きました。それまで僕は、意識下からことばが出てくると言うふうには認識していなかったのですが、その時から、もやもやした言葉以前のことばというものがすごく大事だと思うようになりました。それは、中也が「名辞以前の手」をどれだけ感じているかと言うのとまったく同じだと思ったんです。

人間はなんでも言葉で名付けますよね。そうすることで意味が出来て世界が秩序立てられるのだけれども、詩はやはり意味以前、名辞以前の存在を感じ取ったほうがいいのだと強く思った。その一点に中也と自分の共通点をすごく感じるんです。中也が素敵だと思うのもそこですね。

和合　私も今朝、そこをメモしていたんですよ！「一．「これが手だ」と、「手」といふ名辞を口にする前に感じてゐる手、その手が深く感じられてゐればよい。」（『芸術論覚え書』）。

谷川　あとは、その「裏」もあると思うんです。サルトルに「嘔吐」という有名な小説がありますが、あれは木の根っこを見て嘔吐する話でしょう。手という存在を名辞以前に、本当に深く感じたら人間は気が狂うはずなんですよ。だからサルトルはそのネガを描いたんだと思う。

名辞以前の存在を感じることのプラス面が詩に繋がるけれども、マイナス面で見れば意味の秩序が崩れて人間の頭脳は混乱してしまう。だからある意味で詩は危険だし、だから詩を書いていておかしくなる人もいる――あるいは少しおかしいから詩が書ける人もいる（笑）。

和合　微妙な差ですけど大きい差です……。

谷川　詩を書くのは危険な職業なんです。

和合　その、危険な職業を続けていらっしゃるのが谷川俊太郎さんです（笑）。

谷川　僕は詩人にしては実際的なところがありすぎるんですよ。だから大丈夫。

和合　谷川さんは、「世界」に向けていたものがある時「世間」に変わったとおっしゃっていますよね。

谷川　そうですね、ソネットを書いていた二一、二歳のころ（『62のソネット＋36』集英社文庫）、僕はしきりに「世界」という言葉を使ってました。「世界」で僕はどちらかと言うと「人間社会」を意味するよりも「宇宙・自然」を意味したかったんですね。だから「コスモス」という言葉も使ってました。

でもだんだん大人になって人並に日々を暮らすようになると、「世界」あるいは「社会」

という言葉が抽象的に思えてくるんです。そこで出てきたのが昔ながらの「世間」だと思います。結婚して子供ができて、離婚してまた結婚してまた離婚して……ということをやっていると、世間というものが少しずつわかるようになって来るわけです。その点で、中也というのはすごく早熟な人だったと思う。普通の意味で世間を知っていたかはわからないけれど、物心ついた時には意識下では宇宙の構造みたいなものがわかっていたんじゃないかとすら思える。

和合 だからこそなのか、宮沢賢治にすごく惹かれて、宮沢賢治の作風を明らかに真似したりしていた——たとえば「処女詩集序」がそうですよね。あるいは「一つのメルヘン」など……。中也と宮沢賢治は繋がるところがありますね、とても。

谷川 それはあるかもしれませんね。このあいだ金子光晴の本を読んでいたら、彼は小学校の時にロマンチシズムみたいなものは全部卒業した、と言っているんですよね。

和合 小学校で！ さすがですね。

谷川 そうやって見ると、全然ロマンチックなところないもんね、金子の詩は。小学校五年で初めて吉原に上がって、「坊ちゃん、もう少ししてからいらっしゃい」と言われたような人だから（笑）。

それはいいとしても、昔はそういう、一種形而上学的な早熟があったけど、いま早熟というとそれとは違って、もっと世間的な意味合いですよね。意識下でわかっているという感じはなくなっている。

和合　先ほど、詩は危険な領域だとおっしゃっていましたが、無意識の周りに意識を持とうとする、その意識の力を谷川さんは強大にお持ちなのかなと、お話を伺っていて思いました。

谷川　それは多分、詩を書いて稼がなきゃならなかったからですよ。僕は手に職もないし、どうやって食おうかというのがすごく問題だったんです。その部分では中也と全然違いますよね。中也はずっと仕送りしてもらっていたけれど、僕はまがりなりにも自分で稼ぐということが目標だったから。いい詩を書くことよりも、いくら原稿料を貰えるかのほうが関心が強かった。だから、最初から「他者」というものを考えざるを得なくて、書くものも他者に伝わるかどうかということをまず問題にしていました。

和合　夢や希望が湧いてくるような、こないようなお話ですが（笑）、そこが谷川さんと中也の違いなのかもしれませんね。

谷川　そうですね。実生活というところが一番違うのでしょうね。

あと、希望とおっしゃいましたが、武満徹が入院していたとき――彼は体は病気でも心は非常に健やかで、もう何も食べられなくなったときにも自分で料理のレシピを考えて書いていたような人でしたが――ノートに「希望を捨てない」と書いていたのを読んで、ショックを受けました。彼は自分が癌だということも知っていたから、それはもしかして死ぬかもしれないことをわかりながら書いた言葉なんですけど、その頃、「希望」という言葉は僕の語彙にはなかったんです。なんか非常に青臭い言葉であって、中年、初老になってからとても使えない言葉だと思っていたのに、病の床の、もう老人とも言えるほどの武満がそれを使っていた。ものすごくショックでした。それからは、希望という言葉について違う捉え方をするようになりましたけど、やっぱり詩ではまだ、希望という言葉は使えませんね。

和合 詩における、中原中也の言うところの「希望」と「苦さ」についてはいかがですか。

谷川 読者には「苦さ」のほうが口に合うでしょうね。苦さをどんなに美しく甘く伝えるか、というのは詩の宿題として面白いなと思います。

Q4

和合 中原中也の詩に、「詩人は辛い」という詩があります。単刀直入に、辛いと思われたことはありますか。

谷川 僕はカラオケを始めてから一〇年くらいになりますが、一番ウケたのが「男はつらいよ」の替え歌で、もちろん「詩人はつらいよ」です。だから、詩人が辛いことはカラオケボックスでは公言していますけど、今この場で「詩人はつらいよ」とは、ジョーク以外では言えないですね。ということは、本当は辛くないんですよ。今は詩人であることを楽しめるような心境です。

和合 個人的には、詩人は「辛い」というより、なんか「痛ましい」という感じがしますけれども。

谷川　まぁ、そういうことです。

ただ、この質問にもう少しまじめに答えれば、「辛い」というのはウェットで嫌なんだけど、確かに現在は詩を書くのが困難な時代だと思っています。つまり、特にここ二、三〇年かな、素晴らしい詩を書いても全然目立たないという状況になっている。もう少し前は、例えば谷川雁とか田村隆一なんかが一冊詩集を出せば、話題になってなんとなくみんな読んでいたけれど、今はそういうことはない。そのかわり大新聞に書評が載ったりはしますけど、それもあっという間に流れ去ってしまう。何と言うか、この詩集は素晴らしい、この詩集はどう思う？　といった凸凹がなくなって、詩の優劣は「受賞するかしないか」でしかなくなってしまった、という感じがします。

和合　まさしく、その通りの状況ですよね。そういう中にいるという意味で、「詩人はつらいよ」ですね。

谷川　言うとすればそこについてですよね。辛いとか言いたくないけどさ。

Q5

和合　長谷川泰子が小林秀雄の元に走ったその晩、中原中也はゲーテの「ファウスト」を一晩中読んでいた、と友人に言っているらしいのですが、谷川さんがそのような状況になったときには何をされますか。

谷川　うーん、そういう状況に立ったことはないけれど……、捨てられたことはありますよ。その時は、確かドライブに行ったかなぁ。僕は自然の中に逃げますね。海辺とか高原とか。あとは映画見に行って時間を潰したりするのかな。『ファウスト』なんて読める？　そもそも読んだことある？

和合　途中で終わりました。

谷川　僕もそうなの。面白くないよね？　でもうちの父親は、九〇歳くらいになってから、ずっと『ファウスト』を読んでいましたね。もともとゲーテが大好きで若い頃から読んでいたみたいですが、またその頃に読み直して、「いい」と言うんですよ。

和合　そうですか。私は手塚治虫の漫画の『ファウスト』も途中で断念していますから……（笑）。

Q6

和合　中原中也が「俺は昨夜、宇宙が獲得できた。（…）冬の夜明けに三時間裸になっていたが全然寒くない」と言っていたそうですが、谷川さんはこういうことはありますか。

谷川　ないです。

和合　宇宙を獲得したような実感も？

谷川　ないです。そういう超常的なもの全然ダメだし。僕の周りには和田誠とか、ＵＦＯを見た人がいっぱいいて、僕も見たいんだけど全然見えないんだよ。あと最近は呼吸法をやっているんだけど、最終目標の空中浮揚はまったくできる気配がない。

和合　私は『二十億光年の孤独』を書かれた時に宇宙を獲得されたのかと思っていたのですが。

谷川　それ恰好いいかもね（笑）。そういうことにしましょうか。

和合　ある時に土手の夢を見たんです。土手の風景と暖かな光と風がある夢だったのですが、これは私の地元である福島の風景ではない、という感覚が強くあったのを憶えています。その夢はそれだけで終わったのですが、次の日、子供のおむつを買いに行っている最中に、中原中也賞受賞のお知らせをいただきました。そして先週も、本日の「中原中也生誕祭」が成功しないのではないかと不安だった時に、不思議な夢を見ました。空と土が一つの雲でぎゅっと繋がっているんです。雲が渦を巻いて、地上から空へ上がっているような風景でした。

谷川　へその緒だね。

和合　それを見た時に、なぜか絶対成功する、と思ったんです。

谷川　相当神がかってますね（笑）。でもこれからの時代は神がかっていたほうがいいんですから。そういえば中也の詩にも土手が出てきますね。

和合　そうですよね。そして今朝も、また来たんですよ、中原中也が来たんですよ、「質問してくれ」と言いに（笑）。

谷川 それほど一所懸命、自分の魂を打ち込んでいたということですよね。

和合 辛かった時の話をしたかったわけではなくて、ただ、そういう夢では風景に助けられるという思いを非常に強く感じたのです。私たちは「詩」を通して天と地と話をしているのではないだろうか。大地のまとまりというものを感じながら生きているのではないだろうか。大地のまとまりを感じ、天と地の繋がりを感じた時に、とてつもない力が自分のなかに生まれるような気がしたんです。詩にとって最も必要なことは、自然の力、あるいは自然観なのだと思ったのです。

谷川 いいお話ですね。

Q7

和合 中也は「かくて私には歌がのこつた。たつた一つ、歌といふがのこつた。私の歌を聴いてくれ」と「処女詩集序」に書きました。谷川俊太郎における「私の歌」とはどのようなものでしょうか。

谷川 「鉄腕アトム」でしょうね。あれが僕の書いた歌としては、一番有名で一番歌われているんじゃないですか。

このあいだ、米良美一さんというカウンターテナーの方が歌ってくれて、これがとてもよかったんですよ。

和合　「もののけ姫」の方ですよね。

谷川　ええ。ものすごく特殊な解釈をされていて、あのチャカチャカした手拍子を打つような歌い方じゃなくて、ラブ・バラードになっているんですよ。もう「鉄腕アトム」で子供時代を過ごした人はみんな泣くような歌い方でした。僕なんかはカラオケでしか歌えないけど、カラオケの伴奏って一種類しかないでしょう。だから米良さんの歌を聞いて、こういうふうでもいいんだ、あんなにチャカチャカ歌わなくていいんだ、と「鉄腕アトム」を再獲得しました。それで、先日福岡で息子の伴奏で歌いましたよ（笑）。自分の書いた詩のなかで、歌的な質を持っているものをもっと上げていきたいと思いましたね。

和合　谷川さんは作詞もたくさん手がけていらっしゃいますが、詩と歌のあいだにあるものは一体なんなのでしょうか？

谷川　朗読、だと思っています。活字ではなくて声を持つと、詩はほとんど歌の「素」（もと）のようになってきます。日本語の調べのようなものが自ずと出てきてね。そういう調べのようなものに忠実に再現していくと、歌としてもイントネーションやアクセントが合って、聞いていても歌っても非常に快いものになります。

詩と歌のあいだは朗読――もっと言えば「人間の感覚」ですね。活字で終わるならそれは詩でしかない。でもいったん体を通って声になると、歌のほうに近づいていく、そういう感じがします。

和合　歌と詩というものは近いところにあるんですね。

谷川　「キョクセン」ってやったことある？　音譜が先にあって、それに言葉を当てはめていくこと（曲先）です。「鉄腕アトム」もそうやって詞をつけたんですが、そうやって音楽が先にあると、抽象的に言葉が書けないんです。言葉が体にくっついたものでなければ先へ行かない。

和合　なるほど。私はこの間、中国の「国際詩フェスティバル」に行ってきたんです。中国は大陸が広いので移動時間がものすごくかかります。他の詩人たちと一緒にバスで行ったのですが、斜め前の席に座っていたアメリカの詩人は詩が出来ると声に出して車内で朗読を始めるんです。韓国の詩人たちは、それも聞かず移動中にずっと詩をこつこつと書いていますし……、ある意味、非常に不思議なバスでしたけれど（笑）、考えてみると、詩は朗読があって、はじめて肉体を持つのかもしれないですね。

谷川　無文字社会の頃から詩はあったわけですから。その頃は歴史とか、物語とか、全部声です。文字の前に声があるんですよね。

和合　それが、「名辞以前」の声と繋がっているのかもしれませんね。

言葉だけに　呈　中也

谷川俊太郎

言葉だけになってしまって
山はぼうっとうずくまってる
港は薄曇った空の下
何事か思案している

他処の国でもそうなのだろうか
海は淡々と陸と陸を隔て
罪人たちの深い嘆きの感嘆詞さえ
言葉だけになってしまって

転んでもただで起きない商人は
電子まみれでバスタブにいる

大昔に書いた恋文も
言葉だけになってしまった

緊縛された若い女の首筋に
青い静脈が浮いている
言葉だけになってしまって
詩は世界から剥落しかけて……

嘘だ！嘘だ！
何が言葉だけなものか！
太腿を脇差で刺して
小姓は居眠りすまいとしたではないか！

――静けさだ
あとは静けさあるのみだ
案山子たちが尾羽打ち枯らし

藁の頭で瞑想し

どっかの家の食卓の
夫婦茶碗によそわれて
ご飯が湯気を立てている
ほのかに湯気を立てている

子どもの詩、大人の詩

子どもの本

和合　私が谷川さんと初めてお話しする機会があったのは飛行機の中でした。何を話そうかとても緊張していたのですが、飛行機が飛び立つときに意を決してぱっと横を見たら、目をつぶって「飛行機苦手なんです」とおっしゃっていました（笑）。その時、どうして谷川さんは児童詩とか子どもの本とかを書けるんですか、と質問したら、「自分の中に子どもがいるから書けるんです」とおっしゃっていました。これについて、もう少し詳しくお話いただけますか。

谷川　「自分の中に子どもがいる」と言ったのは確かだと思うんだけど、そんなに軽く言ってないよ（笑）。しかも飛行機苦手とも言ってないし。

和合　あれ、私のモノクロの記憶のなかではそうなっているんですけど（笑）。谷川さんの中で、児童詩や子ども向けの作品というのはどういう風に創作されているのかなということを伺ってみたかったんです。

谷川　最初の大きな動機は生活費が必要だということなんですね。二一歳くらいのときに『二十億光年の孤独』（東京創元社）が出たんですが、大学にも行っていないし、どうやって食っていくかの目処が立っていなかった。僕は詩がものすごく好きというわけでもなかったし、偉い詩人になりたいという夢があったわけでもなかったから、これからどうやって食っていくんだ、妻も娶り子も生まれるだろうにどうやって稼げばいいんだ、ということで頭が一杯だったんです。そういう状態にいる時に本が出て、ちょっと面白いやつがいるということで声がかかるわけです。前から父を通じて知っていた作曲家の團伊玖磨さんとかが、こいつに歌詞を書かせてみようということで仕事をくれて、「みんなの歌」のような歌詞を書き始めた。それが子どもを対象にした仕事の最初だったと思います。

それから子ども向けの本の翻訳の仕事が来たりして、僕はとにかく生活費を稼がなきゃと思っているから自分にできる仕事は全部引き受けていました。その後で絵本の創作の仕事も来るのですが、子どもがわかる言葉で書かなくてはいけないと思ってやっていました。その時は子どもを対象化して見てたんです。自分の外にいる読者である、という風に読者対象として捉えて歌詞や絵本を書いたりしていた。でも、だんだんそういうものではないのではないかと思うようになってきたんですね。対象化しているだけでは子どもは捉えられないんじゃないか。自分の内部に抑圧している子どもを表に出してこないと、本当の子どものリアリティは出てこないんじゃないかと思うようになっていった。

今までに子どもを書いたものの中で一番よく書けたのは『はだか』（筑摩書房）という詩集だと思っているんですが、そのあたりから、人間の年齢を木の年輪の比喩で考えるようになってきました。普通は年齢というものを一歳から右肩上がりのグラフのように考えますよね。だけど、そういうものではなくて、どんな老人にも中心には〇歳の自分があって、木の年輪のようにその外側に三歳の自分がいて、五歳の自分がいて……というふうに人間の時間は経ってきているのではないかと。そうだとすると、たとえ六〇歳になっても自分の中に三歳の幼児が潜んでいるはずだ、と思うようになったんです。

たとえば、現実の生活で不安や恐怖を感じた時、それが自分の子ども時代に感じた不安や恐怖と通じるものがあることに、だんだん気付いてきたんです。それを直視できるようになったと言えるかな、今まで抑圧してきた自分の中にあるものを客観的に見られるようになってきた。だから、詩にする以上、もちろん子どもを対象化してもいますが、それ以上に自分の中にどういう子どもの部分が残っているのかを探ることのほうが大事だと今では思っていますね。

和合　対象化することを極力排そうという考え方ですか。

谷川　そういうわけではないです。まったく対象化せず、自分の中の幼児性だけで書いたら、むしろすごく難解な現代詩になりかねないような気がします。

和合　「言葉を遊ぶこと」と「言葉で遊ぶこと」は切り離せない、という文章を拝見したことがあります。言葉を／での結びつきというのは、先ほどのリズムとも繋がることなんでしょうか。

谷川　「言葉で」というのは、言葉を一種おもちゃにして遊ぶということで、例えば『ことばあそびうた』(福音館書店)というのは言葉で遊んでいる面が強い。

「言葉を」というと、自分の詩集で言えば『よしなしうた』(青土社)では言葉から意味を剝ぎ取っていくような書き方を試みています。意味は完全には剝ぎ取れないんだけど、言葉自体を実用的な機能から切り離して、もっと違う側面を出していこうというのが「言葉を遊ぶ」ということかなと思います。その中には音楽的なものも、意味的なものもあります。

和合　子どもに向けて書かれた本や歌詞も、詩とは別の側面からの「言葉への挑戦」なんですね。

谷川　そういう意識はなかったんですけどね。目の前の注文にお応えしているだけですから。

和合　なるほど(笑)。ただ、子ども向けの作品でも、子どもが面白がるところというのは大人が決めつけている「童謡の素晴らしさ」や、大人が思っている「絵本の面白さ」みたいなものとは全然違うものじゃないかと思います。

谷川　それはもう、そうです。大人はどうしても決まり文句的な発想が出てきますから。はじめのうちは、お話を書いてそれに挿絵がつくような、定式化された物語絵本の依頼が多かった。僕は認識絵本のほうが好きだったからそういうのを作りましたけど、決まりきった発想を壊したい、というのは自分の中にずっとあったように思います。

和合　大人が決まりきった発想で子どもに押し付けるのではなくて、一人の他者として子どもを認めて、人間対人間という関係性が構築できた中でこそ大人の知恵が生きるはずだ、という谷川さんの文章に非常に感動したことがあります。

谷川　それも、自分の中に子どもがいるからこそ、子どもを見下ろせない、というところがあるのだと思います。ただ、それにもいい面と悪い面があって、自分の子どもにも友達みたいに接しちゃうから、親としてはよくないよね。

和合　私は、子どもが生まれてから詩を書くスタイルが変わってきたんです。せめて自分の子どもにはわかってもらえるような作品を書いてみたいと思うようになりました。それを子どもに読んで聞かせたりしているので、うちの子どもは大人はみんな詩を書くものだと思っているんですよ。いつ訂正したらいいのかと悩んでいるんですけど（笑）。

谷川　大人はみんな詩を書くものだ――すごい世界観だなあ（笑）。でも僕の息子は父親が詩を書いているということが恥ずかしかったらしいですよ。学校で父親の職業を聞かれると、「詩人」といえなくて「文筆業です」とか言っていたみたい。

和合　毎日芸術賞を受賞された、谷川さんの『谷川俊太郎詩選集』（集英社）三冊は、いわば谷川さんのこれまでの詩業が凝縮されているものだと思います。私が言うのもなんなのですが、深まってきたなぁと感じました（笑）。詩を書き続けられてきて、ご自身で自分の詩が変わってきたと思われますか？

谷川　読み返すとね。書いている時は全然感じないし、実際生活している時もそんなに感じないんだけれども、例えば一〇代の頃の詩を読むと「えー、恥ずかしい」って思うから、やっぱり徐々に成長しているんじゃないでしょうか。詩の深まりと人間の深まりってほとんど並行してるわけですから。あの時はあんなこと言ってほんと俺はバカだったとか、今だったらこういう風にできるのに、とかね。なんか気がついてみたら「あ、俺、五〇代よりちょっといいこと言ってるなぁ」みたいな。

和合　一方で、最初の『二十億光年の孤独』から、深化してゆく世界は変わらない。こうして谷川さんの詩をまとめて読んでいると、人生の深まりと詩の深まりという側面とともに、お若い時はお若い時なりの深まりというんでしょうか、そういうものがあることが、僕には新鮮でした。

谷川　いくら歳を取っても変わらない部分があることは自覚しています。ここは一〇代の時と全然同じ感じ方してんな、みたいなところもありますし。ただ、その同じ感じ方を言葉にするときに、「成熟」のようなものが作用して、前よりも面白い言葉になっているなと思うことがあります。

和合　年齢を重ねるということは年輪が作られていくようなことで、例えば六〇歳の自分が絵本を書くときにも、年輪という同じ平面にある三歳の自分の感性が出てくる、そういうお話を伺いました。

谷川　本当かどうかわかりませんけどね（笑）。そんなイメージはあるんです。高度成長の右肩上がりではなく、年輪のように歳をとっていくんだ、と。すごく子どもっぽい自分が未だにいるなぁとは感じるからね。

今、自分の書いた歌の歌詞をまとめているんです。僕は最初に詩を書いた直後から歌詞も書いていて、注文がなくても同世代の作曲家と一緒に子どものための歌を書いたりしていたので、歌詞も一〇代の終わりくらいからずっと書いているわけです。それを眺めるとね、詩のほうは一〇代の終わりに書いたものもまだ読めるんですけど、歌詞のほうは、読むに耐えないぐらい幼稚っぽいっていうか、つまらないのが結構あるんですよ。

和合　なるほど。

谷川　だから詩と歌詞はちょっと違うって思った。あと、日本語の歌詞の世界はすごく進歩していますね。今はポップスなんか聴くと、ほとんど現代詩みたいなのが結構あるじゃないですか。

和合　ありますね。

谷川　やっぱり五〇年代は、歌詞の世界全体が割と幼稚だったから自分もこういう歌詞が書けたというところがあるのかもしれない。一方で詩というのは、人格が深まろうが言葉が上手くなろうが、関係ないみたいなのがあるなって気もしたんです。若い頃に書いた詩はそれで自立してるんですよ。その時の自分の若さとか未熟さに関係なく、言葉の構築されたものとして、それはそれで自立している。

子どもが書いた詩を見てもそうじゃないですか。別に子どもだから幼稚だ、というわけではなくて、その幼稚さこそがすごくいいとか、そういうところがある。だから詩はやっぱり面白いなぁ、違うなぁって思ったね。

和合　七歳の子どもが読んだ詩を聞いていても、やはり深まりがあるんですよね。

谷川　「子どもの感性」という言葉自体が、大人の失ったものを表わしているわけでしょう。子どもはある意味では大人より鋭いし、豊かだってことはあるんですよね。

和合　そうですよね。僕の経験からも、七歳の子どもが書いた作文を読むとやはり七歳の作文だなって感じがしますが、詩の場合はなんだかドキッとさせられるようなものがありますよね。

谷川　そうね、いいものは本当にいいんですよね。

音楽もそういうところがあって、モーツァルトの七歳のときの作品って本当にシンプルです。これがオペラになるといろいろ複雑なものが要求されるから、やっぱり子どもの作品だと思うんだけど、一番芯にある音楽性みたいなものは彼がもっと大きくなってから書いたものと変わらない感じがしました。

和合　そういうものは詩の持つ普遍性のからくりといいますか、詩の仕掛けの中のひとつなのかなと思いますね。

谷川　そうですね、多分。

和合　それは子どもの、谷川俊太郎さんの言葉をお借りすれば「身ぐるみの言葉」――その人その人が出し切ることのできる最大限のレベルの言葉――なんでしょうかね。

谷川　つまり頭でっかちではない、ということではないでしょうか。もっと簡単に言うと、僕は人間の知性・理性にはすごく限界があると思っているんです。デカルト以来の西洋の伝統には意味を深めていくということがあって、それは確かに素晴らしい世界を作ってきたけれども、今、世界はその到達点で苦しんでいると思うんですね。

知性・理性ではどうしようもないところまで来てしまっているという感じがするんだけれども、そうではないものはきっと身体が持っている。「身体の知恵」と言えばいいのかな。

和合　身体の知恵……なるほど。

谷川　「身体知」という言葉にしている人もいますが、これは理性や知性がありすぎると逆に花開かないものです。詩の場合も、ある程度頭でっかちなところを捨てないといい詩が書けないし、音楽はまさに理性・知性からは出てこない。僕は、そういうのはむしろ意識下の何かから出てくると思っています。

心と身体をどう考えるか、考え方はいろいろあるけれども、よく言われるのは死んでも心は死なない、肉体は滅びても「何か」残るというものですよね。だけど心も身体も「道具」だという考え方もあるんです。何の道具かというと、何世代も生まれ変わって、本当の自分のようなものを良くしていくための道具である、と。それは魂とか幽体とか、色々な呼ばれ方をしますけど、もし心と身体の芯に「何か」があるとすれば、音楽は直接そこに触れるものなんでしょうね。

言葉には意味があるから、精神か何かを通さないと触れられないけど、音楽は、一種の振動として直接魂に触れるところがある気がする。だからほとんどの宗教が音楽を伴っているんでしょう。

和合　そうかもしれませんね。

谷川　言葉はどうしても意味が邪魔して直接的に届かないという感じがあって……。音楽に僕は嫉妬しているんですね、きっと。ただ非常に上手くいけば、詩が音楽と同じような感じで届く時があるとも僕は思うんですよ。

和合　それはすごく感じますね。特に俊太郎さんの詩を選ぶ年齢が低ければ低いほど、ものすごく音楽性を感じるような作品を数多く選んでいるなと思います。だんだん年齢が上がっていくと理性的に考えてしまうんでしょうね。

谷川　そうですね、どうしても頭でっかちになりがちですよね。

和合　谷川賢作さんが、「父は僕に嫉妬してる」とおっしゃっていました。まあ、これはお二人で解決するしかないでしょうけれど（笑）

谷川　別に解決する必要ないからいいんですよ。歌を書いてくれて、それがいい歌だったらやっぱり嬉しくなるじゃないですか。音楽と詩が、上手く合体すればものすごく嬉しい。まあ、嫉妬というのは口先だけですから。

和合　口だけですか（笑）。

谷川　賢作に嫉妬しているというより、詩と音楽について考えた場合に、音楽のほうが一次元上にあるように思えるところに嫉妬しているだけです。

ことばの音

和合　谷川さんは、少年時代に非常に音楽に惹かれていらして、「海ゆかば」という歌がお好きだったと聞きました。

谷川　当時は戦時中で、戦況のニュースがあったんです。日本軍が勝つとそのニュースは「軍艦マーチ」で始まるんだけど、どうも戦局が怪しいときには「海ゆかば」で始まる。それでその歌を知って、子ども心に感動したんでしょう、親にねだってレコードを買ってもらってずいぶん聞きました。

何かに「目覚める瞬間」というのがあると思いますが、僕が詩に目覚めた瞬間というのは、小学校のとき、隣の家のアカシアの木に朝日が射したのを見て、それまで経験したことのない一種の感動におそわれたときです。僕はそれを日記に書いているんですよ。悲しいとか嬉しいとか怒っているとかの感情とは全然別の感動だったから、きっと自分でも印象的だったんだろうと思う。

それと同じように、音楽に感動した、というのがその「海ゆかば」なんです。それまでも母親にピアノを習わされたり、小学校で歌を歌ったり、音楽に接してはいたけれども、感動したのはそれが最初です。

和合　なるほど……。

谷川　「海ゆかば」は、信時潔《のぶとききよし》という日本の洋楽の先駆者の一人でもある非常にいい作曲家によるものですが、僕は何に感動したのかといえばハーモニーだったと思います。言葉は万葉集だったか、戦争へ行って死んだ人のことを歌っているわけですから、もちろん意味はよくわからないんですけど、メロディーとハーモニーで音楽に対する感動を知ったという感じですね。

和合　谷川さんのエッセイでは静寂について書かれていることが多いように思いますが、静寂と音楽という二つのどちらから詩を発想するんですか？

谷川　それは静寂のほうです。音楽を聞きながら詩は書けませんもの。なんか音楽に引きずられるし、気になってしょうがないので、僕は絶対に詩は静けさから生まれるものだと信じ込んでいます。

ただ、音楽の記憶から詩が生まれることはすごくあるんですよ。

和合　記憶から？

谷川　記憶だけじゃないかな……。僕は一曲全体をちゃんと聞くということを、あまりしないんです。これはSPの影響だと思います。SPは、一面が三分から四分なので、それで好きな部分だけ聞く癖がついてしまったみたいです。そうして繰り返し聞いたパッセージが、詩を書きたい気持ちにさせるということはすごくある。たまには聞いた瞬間に詩が書きたくなって音を止めて書くこともあるし、その感動した記憶が言葉になって出てくることもある。

和合　記憶は、いわば静寂ですよね。

谷川　そうですね。音楽の中に何を聞き取っているのかは、うまく言葉では言えませんけど。でも音が発生する瞬間が、詩が発生する瞬間に似ているんだと思います。

和合　なるほど。谷川さんの詩は非常に音楽性に富んだものだと思うのですが、詩とリズムというのはどういう関係にあるんでしょうか。

谷川　その親和性は言語によって違いますね。英語はストレス・アクセント、つまり強弱です。日本語はピッチ・アクセントで、抑揚です。もちろんリズムもあるけれども、日本語の場合には「調べ」といったほうがしっくりきます。その日本語独特の「調べ」の基本といえるものが七・五調です。七・五調で書いてあると、日本語を母語にしている人なら特に訓練を積んでいなくても「調べ」で読めちゃう。そういう日本語に内在している「調べ」を壊さないようにして書くというのが、僕の書き方なのかな。そんなに意識してはいないですけど。

書くときも、実際に声には出さなくても心の中ではなんとなく声に出して読んでいて、どこかひっかかると意味的な直しではなくて、一語多いとか足りないとか、音韻的な直しをしています。七・五調やその周辺の調べに、勘みたいなもので自分の詩を合わせて書いているんです。

逆に、『ことばあそびうた』みたいなものになると、そういう調べを壊したり、作ったりするのでリズム的なものに寄っていますね。

和合　それは壊すという目的があって、ということなんですか？

谷川　いや、そういうことはないですけど。ただ『ことばあそびうた』の場合は、声に出して自分も面白いし、聞く人も面白いということを心がけてやっていると、結果的に日本語の普通の文章にはないリズムが生まれたりする。

例えば「かっぱ」という作品は特徴的なものだと思うんですが、「かっぱかっぱらったかっぱらっぱかっぱらったとってちってた」と、小さい「っ」をたくさん繋げることで、普通の日本語の文章にはない特殊なリズムが出てきた。

和合 確かにそうですね。

谷川さんは、五・七の調べをもつ短歌や俳句へ入っていこうとは思われないのですか？

谷川 七・五調で現代詩を書くのは非常に困難なことだと思っています。どうしても音韻に引きずられて、時代錯誤的に聞こえてしまうというか、新体詩に戻りかねないというか。だけど、七・五調を完全に無視するのは愚かだとも、ずっと思ってきました。戦後詩の一つの特徴として、七・五調を嫌いすぎたということがあると思う。意地でも七・五調に絡めとられない――言い換えれば、意地でも声に出して人の耳に届くような詩は書かない、詩はもっと理性的なものであって、声の魔力に屈してはならない、みたいな風潮があったように思います。こうなったのには太平洋戦争中、戦争賛美の詩歌をたくさんの詩人、歌人たちが書いたことへの反省もあるのだと思います。ただ、音韻を無視しすぎたことが現代詩を袋小路に追いやったと僕は思っているので、七・五調をいかにうまく換骨奪胎して生かすか、ということはずっと考えてきました。

和合 リズムは言葉に存在感を与えるものだとおっしゃっていましたよね。

谷川 ただ、どこの文化圏でも詩のおおもとは韻文です。つまり声に出して調子のいい言葉、耳で聞いて快い言葉が、どの言語においても詩の本質だったわけです。詩を、詩ではない文章と区別するものというのはすごく曖昧で、特に今は境界がよく分からなくなってきているけれども、詩を散文とを分かつ要素の一つとして、音韻の快さは必ずあると思います。

声に出して読むにほんご

和合　谷川さんは息子さんの音楽と合わせて詩を朗読されていますが、朗読の現場、あるいは詩の「現場性」のようなものについてお話を伺いたいと思います。

谷川　若い頃は詩というのは活字で発表するものであって、詩の朗読は詩人の声の記録でしかないと思っていました。僕が二〇代の頃は、詩の朗読といえばＮＨＫ資料室で聞く亡霊のような島崎藤村の声とかそういうものでしたから、死んだ詩人たちの声の記録としか思えなかったんです。ところが、一九六〇年代にアメリカで朗読を聞いたらまったく違っていた。詩人が読むと聴衆が拍手をしたり笑ったりして楽しんでるんです。その時から、声に出して他者に届けることも印刷メディアで届けることと同じくらい大事なんだと思うようになって、朗読の仕事も受けるようになりました。ただ、最初は緊張するし、すごく胃が痛くなるんですよね。でもこっちが恥ずかしがっていたら聞くほうはもっと恥ずかしいんだと思って、厚顔無恥でいくことに決めてからは少し楽になりましたけどね。

雑誌や本で発表している限りではほとんど読者とは交流がないけれど、その場で読んでいると反応が明らかなんですよね。つまらなければ席を立つし、面白ければ拍手してくれる。エネルギーの交流があるんです。自分の詩が他者に届いている、あるいは届いていないということが直に体に伝わってくるのは、やはりすごいなと思います。

和合 すごいところで朗読した、ということはありますか？

谷川 「すごい」というのはどういう意味？　ニューヨークのグッゲンハイム美術館とか、プリンストン大学とかは「すごい」ですか？

和合 いや——例えば、私は噴火口の近くで朗読したことがありまして……。

谷川 そっちのほうへいくのだったら、僕は渋谷のパルコの前の路上で朗読しましたよ。今ほど詩の朗読が一般的じゃなかったから、誰も振り返ってくれないの。孤独だったねぇ！　そっちは噴火口が聞いてくれるだけいいじゃないの（笑）。

和合 あれは吾妻山（福島県）の噴火口でした……。その経験から、別の機会に桜島に呼ばれたときに打ち合わせで「噴火口いいっすねー」とか調子よく言っていたら、上がってきたプログラムに「噴火口で詩の朗読」って書いてあったんです。

谷川 それはお客さんも一緒に噴火口へ行くの？

和合 はい。バスを一台借りて、お客さんと一緒に乗って噴火口まで行くんです。長渕剛が桜島ライブをやると言っていたのを聞いたときは、私のほうが先だな、と（笑）。

谷川　マイクは使うの？

和合　使わないです。だから多分、遠くから見たら何かのあやしい団体みたいだったと思いますけど（笑）。

朗読に話を戻しますと、そこで詩の「現場性」みたいなものを体感されてから、書かれる作品への影響はありましたか。

谷川　朗読をたくさんやるようになる前から僕は声に出して読むのを相当意識していて、『夜中に台所で僕は君に話しかけたかった』（青土社、一九七五年）という詩集は、最初から活字ではなく声で発表することを意図して書いた作品です。その頃から声に出して読むことは考えていたし、『みみをすます』（福音館書店、一九八二年）という詩集も、全部ひらがなで、声に出して読んでもらうつもりで書いたものです。

そういう意味では、六〇年代に声に出すことが大事だとわかったことで、その後の詩が変わったところもあるのかもしれませんね。

和合　私も一〇年間朗読をしてきて、朗読をはじめたときから比べると今では随分周囲の状況が変わったなあという印象があります。例えば公演の企画などで一緒に朗読をしてくださる方を募ると積極的に参加される方が多いし、みなさんそれぞれに、とても心が入った朗読をなさる。こういう状況はどのようにお考えですか？

谷川　斉藤孝さんの影響は、ある程度あるのではないかと思います。斉藤さんの『声に出して読みたい日本語』（草思社）があんなに売れる本だとは正直思わなかったですよ。でも何十万部と売れたということは人々の中に今の情報のあり方に対する生理的な不安感や反発があったんじゃないかと思っています。コンピュータを中心とした情報の氾濫は、生身の人間としては受け取りきれないところがある。その点、生の声というのは相手の数も制限するし、自分の体が関わることだから、サイバー的な情報とは全然違うものですよね。だから声に出すことが「飢え」のようにして皆の中にあったんだと思う。そういう意味で、声に出すということはとても健康なことだと思います。

和合　吉増剛造さんや白石かずこさんのお話をうかがっていると、外国には「詩を書いたんだよ、聞いてくれよ」みたいな雰囲気があるらしいけれども、当時の日本には全然そんな雰囲気ではなくて、そういう土壌は日本では作れないんじゃないかなと思っていたんです。それが五年前くらいからでしょうか、この短い間にガラリと変わったなという印象があります。

谷川　僕はそうは思っていない部分もありますね。確かに、声に出して読むということが盛んになってきて、NHKが「詩のボクシング」を中継するとか、詩の朗読はとても人気があります。でも一方で、声のパフォーマンスが多彩になるにつれて、詩としての言葉は希薄になっています。だから「詩のボクシング」にしても、あれが詩であるという風に考えないほうがいいというのが僕の意見なんです。声というのは非常に多彩なものなんだから、何も詩でなきゃいけないことはないんだから。

詩と健康問題

和合　ところで、詩を書くと「不健康なんですか？」とよく聞かれるのですが、詩を書くことと健康との関係についてはどう思われますか。

谷川　「詩人は健康でなければならない」ということは全くないですが、「不健康でなければ詩人ではない」という風潮は日本にも外国にもあったんじゃないかと思います。僕が詩を書き始めた頃にはそういう風潮がかなりあって、僕はその風潮に反抗したくて「建設型詩人」みたいなことを言い出したんだと思います。健康的な生活をしていても、世間から外れてなくても詩は書けるということを示したかったんです。実際に僕は、徹夜を続けるとか酒を飲み続けるとかが体質的にできないので、少なくとも物理的には健康な生活を続けていると思います。でも健康的な生活と道徳的に正しい生活というのは別な話ですからね。

和合　そうですね。

　ところで谷川さんは詩集『世間知ラズ』を出してから一〇年くらい詩を書かなかった、と言われていますが。

谷川　それはオーバーに言われているだけですよ。生活費を稼がなくちゃいけないんだから、書いてます（笑）。ただ、『世間知ラズ』のあと、現代詩メディアにはしばらく書くのは止めようと思っていましたね。子どもの詩の本や月刊誌なんかの一般メディアには書いていましたけど。

それは一〇年間書くまい、というはっきりしたものではなくて、ちょっと詩の世界から遠ざからないとまずいな、と思ったんです。

和合 どうしてですか?

谷川 五〇年以上詩を書いてきて、やはり詩の次元というのは普通の生活の次元とはどこか違うんですよ。視点が生活の次元だと小説になってしまうんですね。詩というのは日常から浮き上がったような視点で書かないといけない。そうすると詩の次元と日常の次元がごっちゃになっちゃって、自分が詩のほうへ寄ってしまうと、人間関係とか現実生活に差し障りが出てくるんです。

例えば、いい仕事をした詩人が死ぬと、未亡人がその詩人についての本を出したりするじゃないですか。そういうのを読むと、詩人で、生活者としてもいい夫でありいい父親だったという人はほとんどいない。だいたい詩人というのは無頼だ、ということなんでしょうね。僕はそういうのに反発していたんだけど、自分の意志に関係なく、やはり同じようなことが起こるんだ、と思いました。

和合 ふつうは何かに反発して無頼になるものですが、谷川さんは無頼に反発していたんですね。

谷川 そう、無頼に反発していたんです。なんか詩人は、萩原朔太郎が奥さんを誰かに取られちゃうとか、三好達治が萩原朔太郎の妹に失恋するとか、いろいろあるんですよね。未亡人も、たいてい「酔っぱらい」とか悪口を書いてますし。そうはなりたくはない、と思っていたのに、なぜかわからないけど三度も離婚しているんですよね（笑）。

和合 ああ……（笑）。

谷川 うまく言えないんですが、もちろん自分が悪いんだけど、自分が悪いという理由のうちに、長いこと詩を書き続けてきたということがあるんじゃないかと。詩に侵されている、という意識が出てきて、しばらく止めようと思ったんです。結局、また書き出しましたけどね。

和合 「詩人性」と「人間性」のあいだで悩みを持たれて、人間性に気付いて詩人性に悩んだのか、あるいはその逆か、というところでエッセイは終わっていましたが、谷川俊太郎を以てしても詩人性を振払うことはできない、ということなのでしょうか。

谷川 詩人というものが素敵だと思っている人は多いじゃないですか。僕はそこから出発していないけれども、それでも詩人は悪い人間ではないとはずっと思ってきた。だけど、他者から見れば、特に親しい関係性の人から見れば、詩人であるがゆえの「悪」ということがあるんだと思うようになったわけです。

詩人に限らず芸術家に共通のことかもしれませんが、自分がいかに生活者としてちゃんと生きたいと思っていても、そこから外れた所がないといい仕事ができない。どうもそういう構造になっているらしい。

和合　やはり外れないといけないですか（笑）。

谷川　いや、僕がそう思うだけだから。それぞれの道を歩みましょうよ（笑）。

定型・自由・散文

和合　詩壇からは一〇年くらい離れていたということですが、その沈黙を破って発表されたのが、詩集『minimal（ミニマル）』（思潮社、二〇〇二年）ですね。

谷川　あれはすごく短くて言葉少なでしょう。できるだけおずおずとした、静かな詩を書きたいと思ったんですね。

和合　「短い詩」をイメージするよりもさらに短い詩ですね。私がこの詩集の書評をしたときにも書きましたが、なんというか凄みがあるんです。非常に簡潔で、谷川俊太郎さんのこれまでの作品とはまったく違った。掲載誌の中でも異質でした。

谷川　あの頃は詩人仲間に誘われて俳句の会に参加してたんです。僕は短歌には不感症なんだけど、俳句は好きなものもあったので参加したんですが、その会では私の書く俳句には点が入らないんですよ。普通だったらそこで、自分は俳句が下手なのだ、と思うんだろうけど、僕は、仲間の俳句を見る目がないんだ、と（笑）。逆転の発想ですよ。やはり僕の抱えている問題は五・七・五には収まらない、もっと大きな問題があるのだ、と開き直ってしまったんですね。それで、俳句の影響を受けながら、俳句の塊が四つ五つ並ぶ、というような『minimal』という詩集になったというわけです。

和合 私は、これは谷川さんのイメージを突き破った詩集だと思っているんです。エッセイには、しばらく詩は書かない、という思いを持ちながら「つい書いちゃった」というのがこの詩集だと書いていらっしゃいましたね。

谷川 だから言葉が少ないのだと思います。俳句の影響も確かにあるんだけれども、できるだけ少ない言葉で書きたいというのはあったんですよ。

あと、僕は詩を書くのに形から入ることが多いんです。字数が決められていたり、ソネットみたいに形式が決まっていたり、その中に収めるということはまったく苦痛じゃない。むしろダラダラ書いてしまうのを、形式に収めることで作品として自立させているという意識がある。『minimal』の場合も、短い行で、少ない字数で書きはじめたのが、そのときの自分の精神状態にふさわしかったんでしょうね。

和合 寺山修司さんも定型のほうが楽だとおっしゃっていましたね。

谷川 それと共通でしょうね。

和合 定型詩と自由詩とはまた別の問題があると思うのですが、谷川さんご自身が言葉をめぐる中で、詩を書くうえでいちばん自由を感じるところはどこですか？

谷川 今、現代詩の世界はなんでもありですよね。小説みたいな散文詩を書いても詩だと言えばそれで通るようなところもある。僕は自由が必ずしもいいとは思わないけれども、詩の何が自由かと言えば、何を書いても自分が詩だと言えば詩として通ってしまうことでしょうね。詩の中にさまざまなスタイルの書き物を入れ込むことができるし、そういう意味で、短歌・俳句のように五・七・五に縛られている定型に比べればものすごく自由だと思います。それがプラスにもなるしマイナスにもなるということでしょう。

和合 山頂を求める詩と山裾を求める詩がある、とお書きになっていましたが……。

谷川 なんか、さっきから引用が微妙に違ってるんだけど（笑）。それは、富士山に例えれば、頂上には宮沢賢治とか高村光太郎とか中原中也とかがいる。しかし山頂だけを見ていては詩の世界はわからない。裾野を長く引いていて、その中にはわらべ歌とかなぞなぞとか、ふつう詩だと思われていないものもある、ということです。だから二つに分けているのではなくて、繋がっている、ということですね。

インターネットと詩

和合 いま、インターネットを「詩」で検索するとものすごい数のサイトが出てきます。谷川さんは『櫂』という同人誌に参加されていますが、今の若い世代ではそうしたサイトに詩を投稿する人が多いんです。「自由」ということから山裾の話に繋げましたが、こうした電脳空間と呼ばれているものについてはどう思われますか。

谷川　昔は詩を他者に伝えていく道というのは限られていましたよね。同人誌に参加して、先輩に色々教わりながら同人誌に発表して、それがいいものなら商業的な文学誌に発表して、賞をもらって……と、道は一つだったわけです。それが、今はメディアが多様化してきて、ネット上に発表することもできるし、自分でCD-Rに焼くこともできる。詩のボクシングとか、いろいろな媒体があって、基本的にそれはいいことだと思います。

　詩の発表の場としてはいいと思うんですが、電子メディアの常として情報量がものすごく増加しますから、ネット上ではどれだけの人が詩を読んでいるかが見えないですよね。詩が本という形で出ていれば、内容のいい悪いに関わらず「もの」としての存在感があるけれども、ネット上の詩というのはそれがまったくないから流れていく感じはします。昔の詩が「ストック」で、蓄積されていたものとすれば、ネット上の詩は「フロー」で、どんどん流れていき、忘れられていくような感じかな。それが悪いというのではなく、時代の流れとして避けられないことです。詩だけの問題ではなくて、今の文化全体がそうなんだから。

和合　物質的な手触りがなくて、希薄だということですよね。

谷川　うん、一面としてはそうですね。「古典」は時代が過ぎても残っていますが、今の作家たちの作品が、例えば夏目漱石のように時代を超えて残ることはほとんど不可能な気がします。流れに乗れた人は仕事をこなしていくけれども、乗れなかった人は仕事ができなくなっているような。芸術全体がそういう風に変質せざるを得ないような状況になっていると思いますね。

和合 谷川さんの作品はものすごく数が多くて、全部網羅するのが大変なほどですが、その谷川さんの全詩集をCD-Rに収めるという企画がありますね。それで本当に嫌になったとおっしゃっていましたが、それも「もの」としての存在感のなさということですか。

谷川 五〇年以上書き続けて、本ならばずらーっと本棚に並ぶところが、CD一枚に収まってしまうというのはね（笑）。本当は、そういう「軽いものになった」というのは嬉しいんですよ。でも、ある種の感慨はあります。

和合 谷川さんが、送られてきた詩集は読まないということを伺って、詩人仲間一同、気を落とした経験があります。

谷川 それはうしろめたいことです……。でも読まないのではなくて、読めないんですよ。詩集を一冊読むって大変なエネルギーがいりますから、中途半端に読むくらいなら読まないほうが精神衛生上いいかなと思って。ただ、いい詩集というのは必ず誰かが読んで、評判になって、いつかは自分のもとに届くと信じているんです。読んでますか、詩集？

和合 ……（笑）。詩の批評を始めたときに、最初の詩と最後の詩と真ん中のを読めばいいんだと先輩から教えられました。それを聞いたときはなんて不誠実な人なんだと思って腹立しかったんですが、責任のある場所で時評を担当して、多い時で、一ヵ月に一〇〇冊くらい来るようになると、表紙が寂しいから後回し、とかするようになってしまうんですよね。

谷川 それはすごく自然なことだと思いますよ。詩を連続して一〇〇冊読むほうが、詩に対して失礼なんですよ。

それに今は、詩を読んで自分にプラスになることはほとんどないですね。

和合 がっかりします（笑）。

谷川 親しい友達の詩を読んであいつは元気にやってるなとか、面白いものがあるなとか、好きな詩があるというのはわかりますけど、詩を読んでも今の時代は捉えられないと思います。むしろ詩以外の分野のものを読んだほうがはるかに勉強になるし、詩を書く上での栄養にもなると思う。これは相当前から思っています。詩だけじゃなくて、文学そのものが自分にとってほとんど役に立たなくなってきている。

和合 詩集や同人誌として出されるものはとても数が多いですが、中には表紙をめくると同人みんなで旅行に行きました、みたいなことが書いてあって写真が載っていたりするのもありますよね。夜は宴会しました、とか（笑）。これが結構個人的に面白いので私は読むのを楽しみにしているのですが、詩集自体もホームページに近いものになっているような感じはします。

土地とことば

和合　谷川さんは翻訳もたくさん手がけられていて、こちらにも定評がありますね。

谷川　日本語がうまいんですよ（笑）。英語の意味をできるだけ残していかに日本語をつくっていくかということですから。翻訳なんて、基本的に不可能だと思わなくてはできないですよ。

和合　その国ごとにある意味やイメージの真底には「音楽」のようなものが流れていて、それを掴まなくてはいけないとおっしゃっています。

谷川　中井久夫さんという精神科医の方が、ギリシャ語の現代詩の非常にいい翻訳を出されていますが、彼に言わせると翻訳とは意識下の深層の交感だと。そこまでいかないと本当にいい翻訳はできないんでしょうね。

和合　谷川さんは公演などでも各地へ行かれていますが、翻訳においての「イメージの深層」のようなものは日本語同士のなかにも感じられますか？

谷川　日本ではあまり感じないですね。今はみんな共通語をしゃべるから。土地の言葉ではこう言うんです、みたいな話になると面白さを感じますけどね。

和合　では、ご自分の生活空間や故郷というものと、詩との密接な繋がりをお考えになることはありますか？

谷川　あまりそれは自覚していませんね。ただ、自分の使う言葉が東京近郊の山の手言葉であることは自覚しています。いわゆる共通語に非常に近いけれども、杉並区というのは栃木や茨城なんかの言葉も若干入ってきているし、父は愛知で母は京都だから、その辺の言葉もちょっと混じっている。

和合　谷川さんにとっての故郷は東京になるんでしょうか。

谷川　父親が群馬県の山奥に小さな山小屋を持っていて、毎年夏になるとそこで過ごしていました。自然が素晴らしいところで、若い頃はそっちのほうが故郷のような気がしていましたけど、東京生まれの東京育ちで七十数年東京に、しかもずっと同じ家にいるので、もう東京が故郷だと思うようになりましたね。

世界へ広がることば

和合　谷川さんは『谷川俊太郎詩選集』の編者でもある田原（Tian Yuan）さんと、中国にご自身の詩を広めるというようなお仕事をされまして、中国で二一世紀鼎鈞文学賞を受賞されました。大変権威ある文学賞ということで、中国でも大変な反響があったそうです。中国をあちらこちら旅されたとのことですね。

谷川　田原さんに連れていってもらって、いろんな詩人に会わせてもらいました。
和合　自分の言葉が中国語になって、どのような印象を持たれましたか？
谷川　あのひらがなは全部どこにいっちゃったんだろう、って（笑）。
和合　ないですよね（笑）。
谷川　漢字の中に押し込めたのか、ひらがなだけまとめてどっかの池に捨てちゃったのか（笑）、みたいな印象でしたね。
和合　この受賞は、あの年一番の大事件だったのではないかと共同通信の時評で書かせていただきましたが、今もそう思っております。いろいろお話を伺うと、中国の方はみんな谷川俊太郎さんの作品に触れて、そして日本の詩はすごいな、という感想をお持ちになるようです。
谷川　というよりあまり紹介されてなかったから、日本の現代詩は。みんながつまらないと思い込んでいたところに田原さんが紹介してくれて、あら結構面白いじゃないの、という風になったみたいですね。
和合　実際に中国でも谷川俊太郎さんの詩がたくさん出回っていると思うんですが、ご自分の机の上だけで起きていたことが世界に広がっていくのはどういう感じですか。
谷川　なんだかよく分からないですね。
和合　実感がないというのが、まあ、正直なところですか。

谷川　ほんとにそうですね。僕の詩は結構いくつもの言葉に翻訳されているけども、本が出来る前に事務手続きなんかを色々やるわけです。それで本が出来上がってくると、まったく読めない。ああ、なんかこれがそうかあ、みたいな（笑）。この翻訳は絵が日本のとは全然違うなあとかね、そんなもんですよ。訳がいいんだか悪いんだか分からないし。何でネパールで出たのかな？　ネパールの人ってこんな詩どこで売るのかな？　とか、そんなことを考えてるだけで、実感がないですね。

和合　私の詩も、韓国語と中国語になっていて、今度ベルギーの方が翻訳してくださるということになっています。出来た本を見たときは、やはり私も同じ感想で、うーん、字が並んでるなあ、と。しかも、著者出身、日本、福岡県って書いてあったんですね。違うんですけどね、福島県なんで（笑）。

ただそういうのを見ますと、まだまだ日本の詩が進む道はたくさんあるなあと改めて感じたんです。広がりを持っていく可能性というのはもっとたくさんあって、私などはどうしても考える範囲が日本になってしまいますけれど、世界中にもっと、この日本の詩の言葉がいろいろな形で広がって行き得るのだと思いました。

そしてもっと大事なのは、それを翻訳してくれる方であり、受け手がいるということです。詩というのはいい／悪いがなかなか分かりにくいと思うんですけど、やはり大事なのは、「この詩はいいね」と言って下さる方がいて、「あ、この詩はいいんだ。じゃ何がいいんだろう」と話をすることだと思うんですね。そういう中で詩というのは初めて一つのかたちを持って出来上がってくるのではないか。その意味で谷川俊太郎さんという存在も、受け手の皆さんが作り上げた存在なのだと思います。

谷川　そうですね。

和合　それが中国でも同じような形で広がっているというのが、なんか我らが谷川俊太郎が国境を越えている、ということだけではなくて、私たちが世界中でたくさん抱えている問題を、言葉というものが先に越えて行っているような、そういう印象を持ったんです。

　日本も韓国も中国も、いろいろな形で「詩」という谷川俊太郎さんの言葉の軌跡を通して、もっともっと心の線が結ばれていったということが形になって見えてくると面白いなという風に感じ、願っています。

日常のことば、詩のことば

般若心経に打たれる

谷川　和合さんにとっての最初の日本語というのは何ですか？

和合　僕はおばあちゃん子だったので、祖母の話に耳を傾けることが多くて、昔話なんかをよく聞いていました。そういう話や方言の、言葉の面白さもそうですが、それが自分にとっては子守唄の代わりであり、気持ちのなかにぐーっと入っていく肉親の感触があった、というのを覚えています。

あとは、祖父が亡くなったとき、その悲しみをどうしたらいいかと思って、とりあえず、夜にお経を声に出して読むことにしたんです。

谷川　それはいくつくらいの時？

和合 小学校三年生くらいのときですね。般若心経を読むことにしたんです。

谷川 へえ、小学校三年生が！

和合 ええ。「和合家の夜の修行」と言われていました（笑）

谷川 前から般若心経を読んでたの？

和合 いえ、読んでないです。

谷川 じゃあなんで般若心経と思いついたの？

和合 家に来るお坊さんが必ず、般若心経を読んでいたんです。それが般若心経だと祖母に聞いて、家にあった般若心経を唱えることにしました。私が横についているよみがなを追って読んでいると、後ろから祖母も混ざってきまして、そうして毎晩、祖母と二人で般若心経を読んでから布団に入るという感じでした。

そうしたら、般若心経の意味は全くわからなかったものの、読み終わるとホッとするようになってきたんです。祖父への思いを持ちながら読むのですが、読んだあと心が軽くなって、これが日本語――というより言葉そのものの力なのかな、と。自分が詩を書いたり、朗読するようになったのは、般若心経を毎晩読んでいたことと繋がるのかなと、最近思うようになりました。

谷川 なるほど。それはどのくらい続いたんですか？

和合 二年間くらいは続いていました。なんかやらないと、すっきりとしない気がして……

（笑）

谷川　そういうのありますね。

和合　だんだん、一週間に一度とかになってきたのですが、今でも何かの拍子に般若心経がふと出てきたりします。般若心経の思想というのはとても深くて、私が簡単につかめるようなものではないと思うのですが、こつこつと声に出し続けてきて幼い頃に感じてきた経文の言語の見えない真実の手触わりのようなものと詩を書こうという思いとが、最近とくに重なっているように思います。

そういう意味で、谷川さんがおっしゃるところの「身ぐるみの言葉」を、自分のなかでも体験していたのかなと。言葉というのは、体と必ず接しているのであって、自分の体の中に大なり小なり変化を起こすものなのだと、最近は思うようになりました。

異界はどこにあるのか

和合　もう一つ、僕にとって大きな言語の体験が「東北弁」です。東北弁は関東、関西の言葉と比べると重いというか、ズーズー弁ですから、「でしょう」と言うのが「んだべ」となったり、まあ、あまり美しくないわけですが（笑）、東北弁のほかに標準語というのがあるということは、内なる二重言語を持っているということだと思っています。日本語のなかにも二重言語が存在するし、多言語的なものがあるという意識を持って、詩を書いたりしています。

谷川　僕の場合は生まれが東京で、東京語というのは標準語とほとんど変わらないので、二重言語的な要素は自分の中にはないですね、幸か不幸か。地域語のように、身体や暮らしに密着した言語がうらやましいですよ。標準語って、一番つまらない言語だって感じがする。

和合　同郷の古川日出男さんという作家も東北弁を新しく響かせたい、という思いで小説を書いているそうです。彼は私の二歳上で、高校時代、隣町のカリスマ演劇部長だったんです。最近になって、ある対談の席でお話したときに、内なる二重言語の眼差しのようなものが、ものを作るうえで非常に大事なものとしてあるとおっしゃっていました。例えば谷川さんの作品においても、平易な言葉で書かれた作品は、二重言語的な眼差しがあってこそ書けるものではないかと思うのですが、いかがでしょう？

谷川　何と何が二重になっているんですか？

和合　例えば中原中也の詩もそうですが、平易な言葉で、なかなか我々が言い表せないような奥深い世界を描いている。詩を書くうえで、平易な言葉で書くことは実はすごく難しいと思うんです。

谷川　なんでそう思うの？「平易な言葉」という言い方についての問題はひとまずおくとして、何でそれが難しいの？

和合　自分が書こうとする詩の振れ幅や、詩の到達する目的位置というものがあったとして……。

谷川　それは「あったとして」じゃなくて、「ある」の？

和合　はい、あります。

谷川　それはどこから生まれてきたんですか？

和合　書いていると、その振れ幅に振り子が動いてきて、書くものが見えてくるというような感じです。

谷川　でも、その「振れ幅」が出来たのは、過去の言語体験からでしょう。どこでその「振れ幅」という意識が出てくるようになったと思う？

和合　そうですね……

谷川　普通に暮らしていれば、分かりやすい言葉で、普通に喋れているわけですよね。それが詩を書くという時にそうではなくなるというのは、普通の暮らしの言葉とは違う、もう一つの言語体験があって、それと二重になっているということですよね。僕の場合、それは無いんです。だから、そういうのがあるということにとても興味があるんですけど。

でも、例えば中学校くらいまではそういうことはないだろうと思うんです。高校から大学くらいになって、色々な分野の難しい本も読み出して、そこで培われた抽象的な言語体系が暮らしの言語の上にできちゃうのではないか、という気がするんだけど。どう？

和合　僕自身のことを振り返ってみると、音楽や映画などはいわゆる「サブカルチャー世代」と言われる時代のものなんですが、そういうものに囲まれていた毎日の中で一番衝撃的だったのは、唐組のお芝居でした。僕の住んでいる福島に五年くらい毎年来て、テントを張ってお客さんを入れて水とかかけて、最後バーンと壊していくようなお芝居をやっていたんですが、見ていても唐十郎のつくる芝居のセリフがまったくわからないんです。わからないんですが、これはすごいことをやっている、という印象があって。

谷川　わからないことの価値があった？

和合　はい、言葉を超えた何か、五感を刺激されるようなものがありました。セリフもすごいスピードで何を言っているか不明で、でも見ているとどういうストーリーになろうとしているのかがわかる気がする。そして最後に毎回背景をバタンと壊すのですが、そうすると自分の住んでいる街が、まったく違う異界の街に見えました。その時に、この街をそのままに描いていたら、自分が書きたい世界というのは描き出せない、異界を作り出すことができないな、と思ったんです。

僕は、東京に出て色々やりたいという思いが強かったのですが、事情があって福島に残りました。唐組のお芝居は、創作意欲だけは持っていながら都市に行くことのできない絶望感のようなものを持て余していた時期に、自分の住んでいる街でもう一度やってみよう、と思ったきっかけを与えてくれたものでもありました。

もちろん「異界」といっても、たとえば黄泉の国を描くということではありません。ありのままの世界を異なる世界の視点から見つめないと、誰かが目に留めてくれる言葉は生み出せないのではないか、と思ったんです。

現代詩と抽象語

谷川　「ありのままの世界」と「異なる世界」という二つに世界は分かれているの？

和合　それが重なった時に、初めて詩が書けるような気がするんですけれど。

谷川　ありのままの世界の中に、異なる世界は常に内蔵されているでしょう？　だから、普通のどんな言葉の中にも異界は内蔵されているのに、どうしてそれが二重になったりするのかな、というのが僕の疑問です。その二つは連続していて一体化しているはずなのに、どうして二つに分けちゃうの？

和合　うーん……

谷川　それは別に和合さんだけの問題ではなくて、「難解」と言われている現代詩の問題ですよね。僕は、このあいだアラスカへ行って、先住民の人たちの神話のようなものを語りで聞いたり読んだりしていたのですが、そこには抽象語がないんです。すべて具体的な言葉なの。ちょうど同時期に、大岡信がやっていた銕仙会での朗読会のテープを聞き直すチャンスがあったのですが、彼もフィンランドの先住民の詩には抽象語がない、と言っていました。それは、なぜ具体的な言葉で詩を書いていると現代詩にならないのか、という問題です。なぜ現代詩は抽象語を使うようになったのか。

遠因は明治維新で日本語が変わったことにあると思っているのですが、近代詩の世界でも、例えば中原中也や高村光太郎や宮沢賢治などは、今の現代詩のような難しい抽象語は使っていませんでしたよね。だから多分——はっきりとは時代分けできないけれども——第二次大戦後の「荒地」あたりから、抽象語でなければ現代詩ではないということになってきたんじゃないのかなと思います。

和合　「考える詩」というものですね。

谷川　考える上でなぜ抽象語を使わなければならないのかというのは、日本の哲学の問題でもあるわけです。僕はそこに、今の現代詩の問題はあると思っていますが、みんなあまり問題にしていませんよね。多分、和合さんもその流れのなかにいるんでしょうね。

和合　思いっきりいる、って感じですよね（笑）。

谷川　そうね（笑）。

いまの日本の抽象語というのはほとんど西洋的概念・思想が漢語に移されたもので、我々が本来身につけていた大和言葉とは全然違います。明治維新のとき、西洋からたくさん入ってきた新しい観念を大和言葉ではどうしても表現し切れず、漢字にするほかなかったわけですが、百年以上経ていまだに日本人の身に付いていないということですよね。「民主主義」でも「恋愛」でも、いまだに日本人の暮らしと身体に根付いてないから、抽象語だと思わざるを得ない。かといって、抽象語を使わないで書けるかといえば、大和言葉には翻訳できないので書けない。

和合　根付かなかったのは、文化として違いすぎたからでしょうか。

谷川　まあ、文化なんて、そんなにすぐ身に付くものではないですからね。

ことばのヒエラルキー

和合　僕も渦中にいるのですが（笑）、現代詩と抽象語や難解さは隣り合っています。新しい意味を探していきながら、予測不能に出てくるユーモアのようなものを描けないかなと思ってきました。そうやって面白いことを見付けようとしてきたし、これまで「シュールレアリズム」や「ユーモア」のキーワードで評を受けてきました。

大学時代に詩を教えてくれた先生に、谷川俊太郎さんの詩を真似したものを書いて持っていったことがあるんです。西脇順三郎や吉岡実の研究者だったのですが、その先生は、谷川さんのような詩を書きたいのであれば、まず西脇や吉岡の詩を真似て、そういう詩が書けるようになってから書いたらいいのではないかという筋道を立ててくださって……。

谷川　面白い意見ですね（笑）。アカデミックな意見だね。

和合　これだけ易しい言葉で響く詩を書くということは、難しい言葉で心に響く詩を書くということと同じことなのではないかと言われました。

谷川　難しいことばで響く詩がある、と信じていらしたんだね、先生は。

和合　ええ、それで私は、そういう難解な詩を習作として書けるようになれば、流れていかない易しい言葉を書けるようになると思ってきました。今も、それを実践中です（笑）。

一方で、タウン誌やお母さん向けの教育雑誌などに書かせてもらうことが月に数本は必ずあるのですが、そういう時に書くのは『ユリイカ』や『現代詩手帖』などを意識した詩ではなく、街の人々やお母さんの手にわたって開かれているイメージが最初にあります。

例えば、二〇〇八年の一二月から二〇〇九年の二月にかけて、福島の街にある七四本の街路樹一本一本に名前を付けて、その木に名前と詩を書いた看板を立てるということをやりました。

谷川　木に新しく名前を付けたの？

和合　そうです。「告白の木」とか「愛の木」とか……「裏切りの木」というのも作りましたが、これは人気がなかったですね。木の葉を模ったカードを街の人が作り、そこにメッセージを書いて木に下げてもらうようにしたら、全部で六〇〇〇枚も集まりました。ちなみに裏切りの木には三枚しかありませんでしたが（笑）、告白の木は人気で、「私が誰々が好きです」とかがたくさんありました。

谷川　なんか、詩に対する考え方がハッキリ現れていて面白いですね。

和合　一ヵ月で七四点の詩を書いてくださいという依頼を九月に受けて、まあ無理でしょうとか言っていたのですが、意外と楽しくて一週間くらいで出来てしまったんです。

　福島市内の街路樹だったので、反応もビビッドに伝わってきまして。夜歩いていて、酔っぱらいが「これいいなあー！」なんて言っているのを目の当たりにすると、この感じはなんなのだろう、と不思議な感覚になります。

谷川　そこで書いた詩と、『現代詩手帖』に書いた詩は違うんですか？

和合　全然違いますね。これは『現代詩手帖』には出せないなと思うんです。

　ちなみにこれを詩集にしたものは五万部くらい刷って、もうほとんどないそうです。私の詩集はその何十分の一くらいで、そういう違いもありますね（笑）。

谷川　和合さんにとっては、『現代詩手帖』に書いた詩と木に付けた詩と、どっちが大事なんですか？

和合　うーん、どっちも大事です。我が子ですから（笑）。でも勝負かけているのは『現代詩手帖』でしょうか……。

谷川　誰と勝負してるんですか？　何と？

和合　誰と勝負しているのかな……。ただ、「勝負」と思って発表するのが『現代詩手帖』

や『ユリイカ』などの文芸誌です。

谷川　勝負ということは、詩に勝ち負けがあるということですよね。例えば、荒川洋治は和合亮一に負けているとか、佐々木幹郎は高橋睦郎に勝っているとか（笑）？　そういう見方があるわけ？

和合　その具体的な勝敗は別として……、いざ勝負！　という感じで作りますね。

谷川　その基準は何ですか？　僕はこの頃、現代詩だけではなくアート全般について、批評の基準がほとんどなくなっているという危機感を持っているので、「勝負」なんて聞くと問い詰めたくなっちゃう。どこに勝ち負けの基準があるのよ（笑）。

和合　これが基準だ、という直接的な答えは出せないのですが……。

六冊目の詩集を急遽まとめるということになって、夏以降はその作業をしていたのですが、ものすごく大きな幻想のなかに自分がいるんじゃないか、と思い始めたんです。五冊目まではそういう風には思ったことがないのですが、今回は自分が自分の上で踊っているような、これが間違っていたら全部間違いだなと思うような不安がすごくあったんです。

谷川　全部というのは、書いたもの全部ということ？

和合　自分の詩への向かい方とか、発語の仕方とか、自分が土台としていた全てが間違っているのではないかという。

谷川　もし、全て間違っていると自分で認めざるを得なくなったら、実生活はどう変わるんですか?

和合 ……。

谷川 そこで間違っていると思っても、実生活は多分間違ってはいないでしょう? 実生活のうちの詩を書いていた時間は間違っていたかもしれないけれども（笑）、子どもと遊んでいる時間や、奥さんと愛し合っている時間は間違いではないでしょう。

和合 そうですね……。今は学校という職場で働いているので、原稿を書くということと教師と、二つの時間をもっています。実は、詩を書きたいために国語から離れたくなくて教師になったというところがあるのですが、例えばいま間違いに気付いて破滅しても、教師は続けると思います。

谷川 そこで、同じ日本語を使っていても、詩と同時に教師に疑問を持つという風にはならないわけね? つまり、詩における発語と教師としての発語は全然違うところで行われていて、幻想で崩れるのは詩の部分なんだ。

和合 詩の部分ですね、ものを書く部分のほうです。詩を書くことについて自分が二〇年間取り組んできたことが、全て駄目だ、と自分を含めたみんなが気付く瞬間が訪れるのではないかなと……。

谷川 だから、全て駄目だと言うときの根拠は何なのよ（笑）! それは生活の側も含む「全て」ではないような気がする。詩の世界の中での発言ですよね。

和合　うーん、そうかもしれません。

難解さについての実感

和合　いいものを書けたという時には、詩を読んでくださっている方と通じ合っているという感覚があって、それは——先程の木の例のようなたくさんの人と通じ合うというのとは別に——作品を通してずっと一緒に登ってきた詩の読者を、最後の最後で見事に裏切れた、と思えたときに、うまく書くことができたかなと思うんです。

谷川　なんで裏切らなきゃいけないの（笑）

和合　ええと……（笑）、なんでかな……。

谷川　裏切るのが「勝ち」なの？

和合　「勝ち」です！　……僕は非常に偏っているのかもしれませんね。仲間のみんなは、こんなふうに思っていないと思います。

谷川　いや、むしろ現代詩全般の傾向を代表しているような気がするんで、興味があるんですけど、なぜ最後に裏切らないといけないの？　なんか最近、決まり文句になってるよね、「裏切る」とか「泣きました」とか（笑）。

「裏切る」というのは、簡単に言えば「難しいことを言う」ということですか？

和合　僕は違います。「難しいことを言う」ことと思っている方もいると思いますが、僕の場合は、読んでいる方から「そう来たか」という一言が出るという感じでしょうか。基本的には現代詩においても楽しんでもらいたいという気持ちがありまして、裏切られたという気持ちにしても、涙が出たと言っていただくにしても、基本には味わっていただきたいという気持ちです。詩集については、楽しんでもらいたいと同時に、読んでくださる方に爪痕を残したいというか、ずっと憶えていてもらいたいという気持ちもあるんです。そういう爪痕が一つでも残るようにするためには何をしたらいいのかを考え続けてきたような気がします。

谷川　爪痕というのは要するに、「記憶に残る二行」とか、そういうもの？

和合　ぼくの気持ちのなかには、時間に残りたいということがあるんです。歴史に残りたい、と言うと大げさなんですが、僕が死んで一〇〇年後くらいにも本棚に残っているような、時間を超えていけるものを作り出したいという気持ちがあります。

作家の井上光晴氏が全国的にやっていた「文学伝習所」という講座が山形であったので、二〇歳のときに行きまして、それがまたすごい迫力でした。周りもわりと年齢層が高くて、私ひとりが学生でいたものですから、「君は何のために今日来ているか分かっているのか！」とか、すごい迫り方をされていました。その二晩の合宿で井上先生がおっしゃっていたのが、上手い書き手なんていくらでもいるんだから、上手いものではなく、背筋が寒くなるようなものを書け、それが歴史に残るものだ、ということでした。「誰にでもわかる小説なんてダメだ！」と。

その一〇年後に最初の詩集『AFTER』（思潮社）を出しました。これは僕という存在がこの世からいなくなった後の時間を想像して書いたものを一冊にまとめたものです。〈時間に残る〉ことを最大に意識して、エネルギーをぶつけました。三〇歳の時でしたから、周りもいい大人なので「詩集出しました」と言うと買ってくれるんですが、みんな「何と言っていいのかわからない」という反応で（笑）。親戚からも、「亮ちゃんの詩集、どうしていいのかわからないから神棚に飾った」とか、まるで魔除けみたいな（笑）。

谷川 そういう時、自分はどういう感情でしたか？

和合 悔しい気持ちというか、これが現実なんだなと思いました。

谷川 その人たちには分からないだろうなということは、全然予期してなかったの？

和合 予期していましたね。

谷川 でも今はわからなくても、百年後には理解されると思った？

和合 されるといいなあと（笑）。僕の中で、背筋が寒くなるものを作らなければという強い観念がありましたので、一冊作りましたが、自分ではこれを一冊作ったら詩を書くのは終わろうと思っていました。他にもやれることもあると思ったので、三〇歳を区切りにするつもりだったんです。

でも、運良く中原中也賞を頂いたら地元の人達の見方が変わりました。親戚のおばさんからも、「亮ちゃんの詩集はいいねえ」って今度は言われるようになって……絶対読んでないんですけど（笑）。

谷川　そこにもすごく問題がありますよね、今の詩がおかれた状況の。

和合　それからは飲み屋さんで会った初対面の方などにも「いい詩だねえ」とか言われるようになるんですが、読んでないことが感触として分かるんです。そういう経緯があって、難解さがどう受け止められるかは実感してきたことではあります。

理想の詩

谷川　僕は詩にはメッセージはないという立場です。日本語を、いい職人が作った美しい細工のように、ある存在としてそこに置けるのが詩だと思っているんです。だから、まず美なんです、真・善よりも。美しい細工のように、言語を「存在」にしたいんです。なかなかそうはいかないんだけど、理想を言えば、詩を素晴らしい細工の小箱のようにそこに置いてみたい。その意味で相田みつをさんの作品はメッセージであって、詩ではないと思うわけ。

和合　ことばを存在として置くために、書く上で注意を払っているのはどういうところですか？

谷川　説明できません（笑）。だって全部意識下でやっていることだから。その後で意識が働いて、細々と推敲したりして……そこで何に注意を払っているかといえば、読者に受けるかどうかです。独りよがりのものは絶対外します。

あとは、読者の感受性をできるだけ高いところに置きたい場合と、子ども相手のように普通の言葉を普通に感じられるように書きたい場合、という区別はありますけど、僕はすごく洗練されたものに憧れているんです。だから理想として、「洗練」ということは常に考えています。

和合　洗練というのは、最先端の、という感じですか？

谷川　それは前衛でしょう（笑）。

例えば三好達治の詩はすごく洗練された日本語だと思います。細かいところにまで神経が行き届いていて、きれいです。意味も音韻もイメージも含めて、自分の推敲の美意識には、日本語のデリケートな美しさというようなものがある気がします――といっても、けっこう適当にやっちゃってるんですけどね。

和合　詩の言葉の、デリケートな美しさというものには僕もとても惹かれます。

日本語として洗練させるために、ご自身で心がけていることはありますか。例えば古典を読むとか、会話を大切にするとか……。

谷川　全然心がけてないです。

三〇万部あれど

和合　木に書いた詩や、三〇万部くらい出ているタウン誌に書かせてもらっているものでは、自分がこれまで始めたりしなかったところから始めたり、こういう切り方はしないというところで切ったりしていているんです。それに対して読んでいる方から反応を頂くようになってきたら、自分の考えより先に読み手がどういう反応をするのかを想像しながら書いていくようになって、そうしていると何かが見えてくるようになってきました。

むしろ自分が書いている印象がないような時もあって、でも自分が書いていたんだというような、我ながら不思議な感覚で。「告白の木」なんて書いたり、若い人向けのファッション誌に恋愛詩を書いたり、失恋の詩がけっこう女子高生に受けたりするんです。あるいは、タクシーの中などに置いてある情報誌とかに書くときには、絶対難しいことなんて必要とされていないから、どういうふうに書けば反応が返ってくるかなと楽しみながら書きます。

でも、なぜかそれらを詩集として編もうという気には、まだあまりならないんです。

谷川　(笑)……。なぜですか?

和合　それが谷川さんと大きくかけ離れているところなんです(笑)。

谷川　三〇万部に書くときと同じ気持ちで『現代詩手帖』には書けないわけね。

和合　書けないですね。

谷川　そこが面白いよね。

和合　谷川さんは、同じ気持ちで書かれているんですよね。

谷川　ほとんど変わらないですね。

　和合さんの、「自分が書いたのではないみたい」という感覚は僕もすごくあります。特によく書けた詩はそうですよね。言葉が意識下から出てくるものであるとすれば、そこにある集合的な日本語の無意識層から出た言葉は、自分の言葉でありながら他人の言葉でもあるわけだから。だから自分でも思いがけないものが出てくるのだろうし、そういう感覚はすごくいいものだと思うけど。

　でもそこで、『現代詩手帖』とタクシーに上下関係が出てくるのが問題ですよねえ（笑）。どこかでそれがうまく一致すればいいと思いますけど。

和合　そこが越えられない壁で……。

谷川　もう『現代詩手帖』とは縁を切っちゃえばいいじゃないですか。現代詩の世界から足を洗って三〇万部でいったらどう？　その場合、相田みつをになる可能性があるんだけどね。

和合　まったく考えたことないですね（笑）。

谷川　考えたことないことが問題だと思うよ。

和合　そうか……発想したことがない（笑）。

谷川　多分、僕と詩の世界の見方が全然違うんだろうなあということが、話していてだんだん分かってきました。普通は詩の表面のことばっかり話して、こういう話にはならないから分からなかったけどさ（笑）。

「ゼロ年代」の詩

和合 「ゼロ年代詩のゆくえ」という特集も組まれましたが（『現代詩手帖』二〇〇九年四月号）、今の若い世代は携帯で詩や短歌を書いていたり、僕が二〇代の時よりもはるかに自分たちなりの言葉に触れていることが多いように思います。彼らはネットに通じている人がほとんどですし、一〇代、二〇代ではネットを通して詩を発表し始めた人たちが増えているほどです。そしてネットではレスポンスが付くので、それが多い人がそれこそ「勝者」です。そういう環境にさらされて書いている人たちの数は、紙で詩を書く人たちの一〇倍くらいはいるようです。

生徒たちは同じ教室内にいても携帯でやり取りしていますし、時には、そのメールのやりとりがいじめに発展していくこともある。メール以外にも、仲間内だけのブログをやっているなかで悪口を書くとか、あるいは落ちこんでいる友だちを真剣に励ましたり……、良かれ悪しかれ今の若い世代は非常に言葉に包まれているような環境にいて、そのなかから培養されてきたのが「ネット詩人」なんです。「ゼロ年代詩人」と言われている何人かの書き手たちは、間違いなくネットから出てきた詩人たちです。

彼らの特徴としてあるのは、谷川さんの言葉で言うと「フロー」ということで、基本的に歴史と繋がろうという気が見えてこないんです。九〇年代くらいまでは、近代詩から戦後詩を読むという体験が詩を書くことに繋がっていたことは確かにあったはずですが、「ゼロ年代」の詩人たちはそういった歴史的総体から、とても自由に見えます。それの良さもあるし、また例えば吉本隆明さんが「いまの若い人たちの詩は「無」だ」とおっしゃるところもその辺りに幾分かあるのかなと思います。そして圧倒的に他者への関心がない。詩を読むことよりも書くことに興味が偏っていて、書くということについてはものすごく執着がある、そういう傾向が非常に強い気がしています。

歴史に繋がらないことと批評の不在が同時に起きていて、色々な人が詩を書いているのに、すべてその日のうちに流れていくような、大量生産されてまったく消費されないまままた生産され……という印象があります。しかし、これまでに作られたことのなかった詩が、間違いなくこれらの混沌から生まれてくるだろうと、もう一方では思います。

谷川　三〇年くらいでしょうか、亡くなったナム・ジュン・パイクという韓国のビデオアーティストが言い出した言葉に、「インフォメーション・オーバーロード（情報過負荷）」というのがありますが、まさにそんな感じですよね。詩はもともと声だったものですから、雑誌とか本とか、発表の形態は問題ではないと思います。

和合　ただ、教育現場でも子どもの詩というのがまったく議論されていないし、詩を書く時間自体が授業から削られているなかで、自然と詩を書く人が増えているのはすごいことですよね。

谷川　みんな詩を「すてきなもの」だと思っているんでしょうね、詩人も読み手も。詩に含まれる「悪」には気付いていないんじゃないの。

詩の批評だっていろいろな立場でできることだと思いますが、いまは全て流れていっちゃうから、誰もそんな親切にやらない。あるのは「時評」だけです。木に書いたほうの詩集が五万部で、自分の詩集はその何十分の一とおっしゃいましたが、資本主義だから出版部数の多さで詩の良し悪しが判断されるところがあります。基準は大抵、売れたかどうか、受賞したかどうか、教科書に載ったかどうか。だから、みんな本当には詩を読んでいないという気がすごくする。詩人がタレントと同じようになって、名前がマスメディアに載っている＝いい詩というふうな捉えられ方をしているというのは、詩にとっても問題があると思っています。

もちろんこれは詩だけではなくて現代文明すべてにおいて言えることですから、簡単に何が原因でということは言えないけど、価値基準が値段や売上であるような、資本主義社会のデカダンスのような状況にはあると思います。

和合　三〇歳代からずっと新聞に時評を書いていて、今も『読売新聞』で書いているのですが、昨年はその仕事がぽっかり空いたんです。その時にそれをすごく感じました。多い時には月に三本も書いていたので、毎月たくさんの詩集が送られてきて、読んで、良いところを褒めて、ということをずっとやっていたのが、時評を書くという意識ではなく素直に詩集を読んでみたら、全く詩が見えてこないという気がしました。取り上げなくてはいけない、良さを分からなければいけない、という視点で読んでいると無理矢理にでもそこに詩を見つけようとするけれども、ふと純粋な読み手として開いてみると、正直なところ読みたくない、詩が見えてこない、という印象がものすごくありました。

谷川 詩がないからじゃない？　吉本さんに言わせれば「無」なんだから、見えてこなくて当然なんじゃないの（笑）。

なんで時評を三本も引き受けたんですか？

和合 詩を読んで文章にするということを鍛えたかったからです。

谷川 でも、「取り上げなきゃいけない」というのは義務感でやっているってことじゃない。

和合 だんだんそうなってきて、だから辞めなくてはいけないと思ってはいたんですが、やはり現在の詩を広く網羅して読んで言葉にするということに意味を感じてきました。

谷川 そこは、さっき言っていた「幻想」だとは思わなかったわけ？　時評なんて、まさに幻想の世界ですよね（笑）。普通の生活者には全く訳が分からないことが空中の楼閣でなされているわけですよ。

和合　むむ（笑）……そうですね、その意味では幻想なのかもしれませんね。

谷川　ほとんど全てのことが幻想ですけれども、自分のなかでこれは幻想ではないというものを一つ持っていれば、生きていくのは平気なんじゃない？　子どもも奥さんも、家庭は幻想ではないでしょう。生徒たちだって幻想じゃないし、それで十分じゃない？　だから、後世に残したいという気持ちは全然理解できないんだ。

和合　谷川さんは、詩を書くということが生活の糧として一つある、ということですよね。

谷川　そうですね。そこから始まっているという感じです。他の現代詩人と比べて、生活と詩が分離していないと思いますよ。抽象語を使わなくても書けるというのも、暮らしに自分の発語の根を置いているから、他の生活者と同じ言葉で詩が書けるということなんじゃないかな、それが自分にとって必要だとずっと思って来ているから。もちろん、たまには現代詩っぽいものを実験的に書いてみたいというときもありますが、基本は生活に根付いたものにしたいというのはありますね。

和合　生活に根ざすということと同時に、読み手の生活に根ざすということを考えて書かれますか。

谷川　自分の生活に根ざせば、読み手のにも根ざすと思っています。鳩山由紀夫だったら知らないけど、僕はそんなに人とかけ離れた生活しているわけじゃないからさ（笑）。

二重性の構造

和合　今日の対談では「二重」ということをずっと言ってきました。一つには方言と標準語の二重性と重ねてみたい。もう一つは超現実的な詩を書くということや、般若心経の話と繋げてみたいと思っていました。般若心経を読んでいて、どうしてこの意味不明なお経が自分の気持ちを救うんだろう、という思いがずっとあったし……。

詩の朗読をしていて泣きたくなったり、お客さんが泣いてくれたりという体験がこれまでありましたし、総じて僕は、詩というのは二重言語の眼差しで書いていくものという気持ちがずっとありました。僕は勝手に、谷川さんも二重に日本語を眼差していて、そこで選び取られた言葉だからこそ残るのだと——僕はいまだにそう思っているのですが。

しかし、谷川さんのお話を今日伺ってきて、「根ざす」ということの意味にはそもそも一重も二重もなく、生活と言葉とがまるごと通底するということなのだと、強く思いました。

谷川　もし、文学言語と日常言語に言語を分けるのであれば、二重になっているのは確かです。日常言語と詩の言語をごっちゃにして話しをされる方が多いので、そういう時にはこれは日常言語と違うものですよ、という説明はします。

例えば、日常では「美」ということはあまり問題にならないですよね。本当か嘘かのほうが問題になります。しかし詩の言語の場合は美が問題であり、真実か嘘かというのは全く問題にならないと思っていますから、その点だけでも違うものだとは思っています。普段話すときと詩を書くときの言語は自分の中では区別していますから、ブログを書くみたいには詩は書いてはいません。でも、その場合でも、詩の言語と日常言語に優劣はつけていないし、この言葉は詩では使わないという風にも思っていなくて、むしろできるだけ語彙は同じにしたいとは思っています。

それと、詩の次元と散文の次元は違うものだという意味での二重性もあります。小説の中にも詩があるし、詩の中にも散文はあるから、その境界は曖昧だとしても、その二つの次元は違うものだということです。人間存在そのものを「社会内存在」と「宇宙内存在」に分けるとすると——もちろんこれも、カッチリ二重になっているものではないけど——人間社会で普段暮らしている我々は社会内存在です。人のことを気にしたりお金を儲けたり、そういう色々な雑事が散文の世界です。だから小説は主にそういうものを扱う。でも人間は社会内存在でありながら宇宙内存在であって、そこで地球という自然にも繋がっているし、我々はビッグバンから繋がる巨大な文脈のなかに置かれる。詩の世界というのは、そういう訳の分からないところまで広がる次元だろうと思っています。

だから、詩が分かりにくいというのは当然なんですよね。文部科学省が詩の定義もしないで、「詩を教える」ということになっているから問題なんですよ。まず、基本的に詩は韻文から発生したということをおさえないと。そして、もともと声だったものですから、雑誌とか本とか、詩の発表の形態も問題ではないと思っています。韻文は人間を日常から切り離す手段だったものです。韻文が歌になって、それが音楽になっていく。音楽というのは人間を社会内存在から宇宙内存在に誘うものですよね。今の子たちがあれだけiPodに夢中になっているのは、散文的な社会内存在から逃れたいんだと思いますよ。

＊付録　「やばい」という子どもをどうしたらいいですか

和合　最近の子どもたちは、すごく美味しいことを「やばい」って言うんです。さらに、美味しいのも、すごいのも、困ったのも、みんな「これやばい！」「これやばい！」と連発する（笑）。それで講演などに行くと、「やばい」という子どもたちをどうしたらいいですか、とよく聞かれるんです。

谷川　ほっとけばいいんじゃないですか（笑）

和合　ほっとけばいいんですかね（笑）。僕は一応、「やばい」では捉えられないこともあるのでしょうから、違う言葉も教えてあげたらいいんじゃないかと言ったのですが——そういう、「やばい」だけでは捉えられない部分があるのだという考え方ではなくて、子どもたちが言う「やばい」は「やばいそのもの」なんだということになるんでしょうかね？

谷川　いや、「美味しい」では捉えられない含意が「やばい」にはあるじゃないですか。だから「美味しい」はそこで新しい意味が付け加えられて、「やばい」に更新されているんです。「美味しい」が「やばい」になるのは、とても面白いことだと思います。

ただ、日本語にはもうちょっと色々な言い方があるから、そういう語彙は覚えた方がいいでしょうが、そのためにはまず色々な味があることを知らせないといけないからね。何でもコンビニで済ませたり、お母さんが毎日ハンバーグしか作らなかったら「やばい」で十分なんじゃないの（笑）。言葉は常に現実と対応関係にあるんだから、「やばい」以外に覚えなさいと言うからには少しデリケートな味を食べさせなくちゃダメでしょう。

和合　確かにそうですよね（笑）。

子どもたちは、テレビなどのメディアからずいぶん影響を受けています。ほかにも、自分たちのことを「うちら」と言うのが流行っていたり。

谷川　言葉もどんどん変わっていくわけだから、流行語もまた変わっていきますよ。それが五〇歳、六〇歳になってもまだ「うちら」と言うなら、それはもう方言として成立しているということでしょう（笑）。

和合　退行ではない、ということですか？

谷川　退行ではなくて、多様化しているだけだと思うけど。

和合　教育現場では、それは退行と捉えられがちです。

谷川　要するに表現の味わいが多様なほうが人生楽しいっていうことでしょ？　でも、実際の教育が「人生楽しい」の方向に行っているのなら、いちゃもんつける気もするけど、今の教育はただ管理するっていう方向にしか行ってないからね。もうあまり言いたくないです。

和合　森鷗外の「舞姫」は必ず教科書に載っていますが、いまや口語訳がついているんです。

谷川　そうですね。でも、そういうのは暗唱してもらいたいよね。当時の日本語の味わいのようなものは、口語訳で失われてしまうわけだから。

和合　そういう意味では、「やばい」にも味わいはあるわけですね。

谷川　ありますよ！　すごく面白いと思ったもん。

初出一覧

にほんごの教科書　「教科書なんてないほうがいい!」『ユリイカ』二〇〇六年九月号、青土社

にほんごの音　「音の力　オノマトペの力」『國文學』二〇〇八年一〇月号、學燈社

にほんごの詩　「世界の中の微細な力を信じて」『ユリイカ』二〇〇八年四月号、青土社

中原中也の詩　講演をもとに再構成(「ふくしまことばのミュージアム二〇〇七・中原中也生誕一〇〇年祭」)

子どもの詩、大人の詩　講演をもとに再構成(「ふくしまことばのミュージアム二〇〇四・真夏のソネット」、「ふくしまことばのミュージアム二〇〇五・真冬のソネット」)

日常のことば、詩のことば　録りおろし(二〇〇九年一〇月一五日)

にほんごの話

二〇一〇年二月二二日　第一刷印刷
二〇一〇年三月　三　日　第一刷発行

ISBN978-4-7917-6513-3 Printed in Japan

著　者　谷川俊太郎＋和合亮一
発行者　清水一人
発行所　青土社
東京都千代田区神田神保町一 - 二九　市瀬ビル　〒一〇一 - 〇〇五一
（電話）〇三 - 三二九一 - 九八三一［編集］、〇三 - 三二九四 - 七八二九［営業］
（振替）〇〇一九〇 - 七 - 一九二九五五

印刷――ディグ
方英社
製本――小泉製本
装幀――菊地信義